跨境人民币支付产品
应用实践大家谈

邬向阳 ◎ 主编

中国金融出版社

责任编辑：黄海清
责任校对：李俊英
责任印制：程　颖

图书在版编目（CIP）数据

跨境人民币支付产品应用实践大家谈／邬向阳主编．—北京：中国金融出版社，2023.10

ISBN 978−7−5220−2142−3

Ⅰ．①跨… Ⅱ．①邬… Ⅲ．①人民币业务—国际金融业务—支付方式—研究　Ⅳ．①F832.33

中国国家版本馆CIP数据核字（2023）第160626号

跨境人民币支付产品应用实践大家谈
KUAJING RENMINBI ZHIFU CHANPIN YINGYONG SHIJIAN DAJIATAN

出版
发行　中国金融出版社

社址	北京市丰台区益泽路2号
市场开发部	（010）66024766，63805472，63439533（传真）
网上书店	www.cfph.cn
	（010）66024766，63372837（传真）
读者服务部	（010）66070833，62568380
邮编	100071
经销	新华书店
印刷	北京侨友印刷有限公司
尺寸	169毫米×239毫米
印张	15.75
字数	223千
版次	2023年10月第1版
印次	2023年10月第1次印刷
定价	80.00元
ISBN 978−7−5220−2142−3	

如出现印装错误本社负责调换　联系电话（010）63263947

编委会成员

主　编： 邬向阳

副主编： 张明珅　程晓松

编　委（以姓氏笔画为序）：

　　　　　王凯宁　王　科　石　静　孙　姝
　　　　　孙玉辉　陈吟华　张　琳　沈正华
　　　　　吴晓波　吴庆华　肖连斌　张　弛
　　　　　陈杰斌　陈　贤　金子军　胡　翔
　　　　　郭琪琛　徐榕华　黄　钊

统　稿： 王　岚　何指剑　龚致远　王　博
　　　　　袁　飞　宣心骋

序
PREFACE

    党的十八大以来，习近平总书记多次就金融与实体经济的关系问题发表重要论述。习近平总书记指出，"金融是实体经济的血脉，为实体经济服务是金融的天职，是金融的宗旨，也是防范金融风险的根本举措"，要求"增强金融服务实体经济能力"。党的二十大报告进一步强调要"坚持把发展经济的着力点放在实体经济上"。企业是实体经济高质量发展的主体。站在跨境支付的角度，我们服务实体经济的具体方式就是通过安全高效便捷的跨境人民币支付产品，赋能银行帮助外向型企业"走出去"，更好支持人民币国际使用。

    在跨境支付领域，由于一笔收付款涉及不同国家、不同时区、不同司法管辖区域，许多金融机构和企业在跨境支付业务中存在人工处理环节多、与账户行对接方式不一、标准不统一、流程冗长、直通率下降等情况，业务成本、管理成本和操作风险相对较高。这些痛点难点制约了部分金融机构和企业在跨境贸易结算中使用人民币的意愿，也不利于提高人民币跨境支付效率。

    在这个背景下，我们按照"一个标准，直通全程"的建设原则，同银行业机构通力合作，在2020年10月推出数字化跨境支付网络基础工具——CIPS标准收发器，并获得"2020年度上海金融创新成果奖一等奖"。但金融信息传输并不仅仅是银行与银行之间才有的需求，标准化的信息传输和通讯在银行与企业之间同样广泛需要。我们在调研时发现，不少大型企业和财务公司也存在各类结算业务自动化处理的需求，诸如"财务数据自动上传批量支付""成员单位客户接口结算"等功能实现都需要通过金融报文自动生成和传输。为了更好满足企业跨境结算便利化需求，2021年5月，我们会同银行、企业共同研发推出了面向跨国公司、外经贸企业、央企国企财务公司等终端用户的标准收发器企业版。

作为CIPS直接参与者与间接参与者及企业之间的业务处理系统，标准收发器基于国际通行的ISO 20022标准和全球法人识别码（LEI）体系研发，通过复用直接参与者、间接参与者、企业客户现有网络资源，建立点到点安全连接，解决人民币跨境使用的"最后一公里"问题，实现跨境支付一体化处理。2022年6月，在标准收发器基础上，我们又听取市场主体的意见，为了进一步降低用户接入和技术开发成本，联合市场主体共同建设了跨境清算传输网络的骨干设施——跨境创新服务终端机（CISD），将集成跨境汇款、账户管理、国际结算、金融市场等多项跨境业务增值服务的硬件装置直接投放至企业桌面。同时，我们以用户需求和问题为导向，按照急用先上原则，设计研发各种实战场景急需的功能，先后推出了CIPS支付透镜、信用证、账户集中可视、汇路优选、债券通直通、数据洞察、全额汇划等服务。从市场反馈看，这些增值服务一定程度上解决了企业在跨境支付和资金集中管理方面的"急难愁盼"问题。

2022年7月，金融稳定理事会（FSB）发布报告，专栏介绍了CIPS将LEI应用到跨境支付领域，并创新推出标准收发器纳入LEI和ISO 20022等金融数据交换标准的做法，指出市场普遍反馈部署应用标准收发器后，缩短了交易时间，降低了交易成本，能有效提高跨境支付效率。这意味着我们推出的这些产品服务基本符合《金融市场基础设施原则》（PFMI）对金融市场基础设施"提高效率、降低成本和风险"的功能定位。

"十四五"规划指出，推进人民币国际化要以市场驱动和企业自主选择为基础。从本质上看，结算货币的最终选择权在企业，对企业等终端用户的培育才是做大跨境人民币业务增量的核心举措。只有企业在跨境贸易结算中使用人民币了，才能提升经常项下人民币跨境收付规模，做大市场增量。同时，国际货币选择还具有一定网络效应，其表现形式为新的市场参与者往往倾向于使用其他市场参与者已经使用或愿意接受的货币。我国是"世界工厂"和"世界市场"，在全球产业链供应链中占据重要位置，理论上具备形成这种网络效应的外部条件。使用人民币结算的企业越多，就越能尽早发挥网络外部性作用，形成自源头企业起、带动产业链供应链上下游企业全流程人民币结算的良性循环，从而对"有序推进人民币国际化"起到事半功倍的作用。因此，我们需要通过产品和服务赋能，帮助企业扩大人民币跨境使用规模，与参与者合力推动跨境人民币事业发展。

近两年，国务院办公厅先后印发多份稳外贸政策文件，反复强调"提升贸易结算便利化水平""鼓励研发安全便捷的跨境支付产品""扩大经常项目人民币跨境使用""稳步推进CIPS系统建设和推广"等内容，充分体现了优化跨境支付产品以服务企业外贸活动的政策趋势。实际上，通过服务和培育实体企业来做大跨境人民币业务规模这一观点并非近来才有。早在2010年6月，时任人民银行行长周小川在乌鲁木齐中心支行作专题报告时就指出，"人民币跨境结算这项工作要系统推进，全面增加企业的便利程度，减少其额外成本，这样企业才能感到使用人民币具有相对优势"。2019年7月，时任人民银行副行长潘功胜在《中国金融》撰文回顾和展望人民币国际化启动十周年时也提到，"跨境人民币业务的推出以满足市场主体需求为出发点，各项业务的具体设计也以方便经济主体使用为落脚点……要发挥金融机构和企业的主力军作用"。当前，便利企业跨境贸易人民币结算已成共识。

"不积跬步，无以至千里"。在启动这些产品项目研发之初，我们就清醒认识到服务企业、服务终端用户所面临的困难和挑战。现在看来，系统和技术层面问题已不再是制约因素，但网络效应的形成不可能一蹴而就，更重要的是如何实现业务引流和全网应用，通过市场化的手段推动更多银行、企业接受和使用CIPS产品服务，使CIPS网络覆盖更广、连接更方便、服务更便捷、惠及更多用户。在这锲而不舍的推进过程中，我们始终坚持"金融服务实体经济"这一根本宗旨，把对企业等终端用户的培育与做大跨境人民币业务规模有机结合，与市场各方一道"集众智，聚合力"，努力向广大终端用户提供更为安全高效便捷的跨境人民币支付产品。

  本书对市场主体使用CIPS产品服务开展跨境人民币业务的典型案例进行汇编，集中展现了银行、企业有序推进人民币国际化的具体成果，期望可以启发更多市场主体开展跨境人民币应用，同时也可以用作具体工作人员的操作手册。在此，对在产品研发、推广应用过程中给予我们大力支持的人民银行相关司局、分支机构，地方各级政府部门，以及各类银行、企业、财务公司表示感谢，特别要对本书供稿人员的辛勤付出表达谢意。我们希望继续通过与市场主体"共建、共治、共享"的方式，为境内外主体使用人民币创造更为便利的条件。在本书付梓之际，谨录感触以为序。

2023年8月

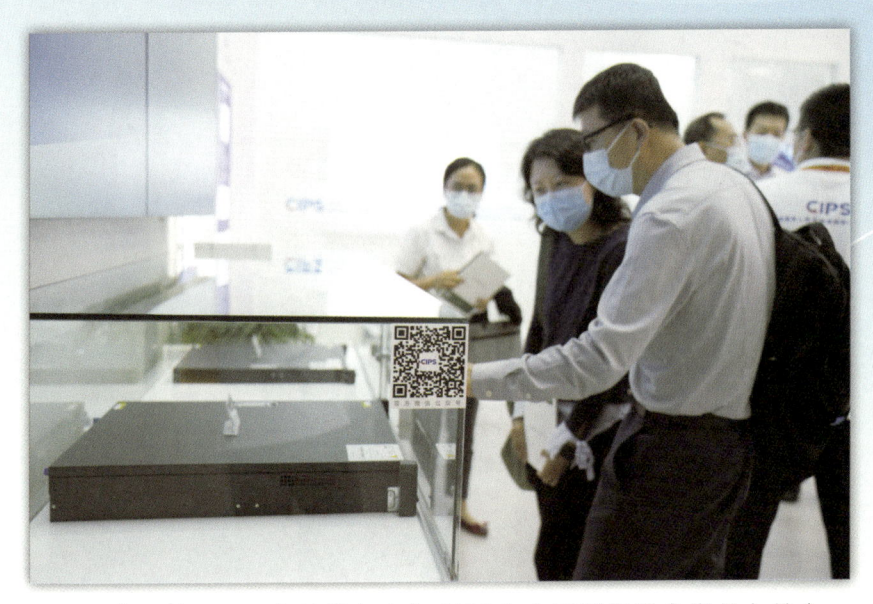

■ 2022年9月,CIPS产品服务亮相2022年中国国际服务贸易交易会。图为用户参观跨境创新服务终端机(CISD)展台。

■ 图为用户代表参加CIPS产品服务宣介。

■ 2022年11月，CIPS产品服务亮相第五届中国国际进口博览会。图为跨境清算公司见证中国银行上海分行、大丰银行上海分行CISD签约仪式。

■ 图为用户代表参加CIPS产品服务宣介。

■ 2023年4月，CIPS产品服务亮相2023年中国国际金融展。图为跨境清算公司展台。

■ 图为用户代表参加CIPS产品服务宣介。

■ 全国范围内开展CIPS产品服务研讨和推介。图为长三角地区创新业务研讨会。

■ 图为大连地区CIPS产品服务推介会。

■ 图为 CISD 终端研发内部讨论。

■ 图为跨境清算公司与金融机构、企业、政府部门讨论 CIPS 产品服务研发推广。

■ 图为跨境清算公司与金融机构、企业、政府部门讨论 CIPS 产品服务研发推广。

■ 图为跨境清算公司与金融机构、企业、政府部门讨论 CIPS 产品服务研发推广。

目 录
CONTENTS

金融机构篇 / 1

跨境清算公司 | 持续提升人民币跨境支付便利化水平 / 2

中国农业银行 | 以渠道创新实践，助推跨境人民币业务高速发展 / 7

中国银行 | 融通世界，助力打造人民币跨境支付的高速公路 / 13

中国建设银行 | 携手CIPS，推进跨境人民币业务高质量发展 / 20

交通银行 | 人民币跨境支付创新业务发展情况 / 26

中信银行 | 聚焦央企司库建设，以银企数字化转型为契机助力人民币国际化 / 32

广发银行 | 助力人民币国际化，广发银行在行动 / 37

兴业银行 | 跨境金融创新服务企业"走出去" / 43

浦发银行 | 注入金融"源头活水"，服务人民币国际化 / 49

江苏银行 | 跨境人民币服务区域性外贸及新业态发展 / 54

华侨永亨银行（中国） | 联通高速网络，支持国计民生 / 60

恒丰银行 | 完善跨境服务体系，助力人民币国际化进程 / 64

宁波银行 | 跨境新机遇——人民币国际化 / 69

浙江稠州商业银行 | 新模式、新体验，稠州银行跨境人民币业务深耕"一带一路"，助力涉外经济高质量发展 / 74

海南银行 | 抢抓自贸港发展机遇，助力人民币国际化进程 / 78

赣州银行 | 聚焦服务小微跨境场景，提升跨境人民币金融服务质量 / 83

上海农商银行 | 聚焦离岸、支持"三农"，依托跨境人民币支持实体经济 / 88

顺德农商银行 | 践行跨境人民币金融服务创新，推动地方实体经济高质量发展 / 93

东莞农商银行 | 立足湾区便利政策，力推"本币优先"战略 / 100

江门农商银行 | 提升跨境人民币业务水平，夯实服务实体经济能力 / 106

国泰君安证券股份有限公司 | 积极助力CIPS产品创新，打通券商跨境结算"最后一公里" / 110

企业篇 / 117

通用技术财务公司 | 大型央企司库如何建，CISD有妙招 / 118

上汽财务公司 | 便利化政策和创新产品，推动车企跨境人民币业务成长蜕变 / 126

鞍钢财务公司 | 履行央企责任担当，促进经济双循环发展 / 133

五矿财务公司 | 积极推进CIPS创新应用，助力跨境业务数智转型 / 139

海油财务公司 | 信息化赋能产融结合，助力集团人民币跨境使用 / 145

中船财务公司 | CIPS助力跨境融资创新，推动船海企业全球布局 / 150

南航财务公司 | 发挥CISD优势，助力推动民航领域各业务场景下跨境人民币使用 / 155

海尔财务公司 | CIPS赋能用户增值，助力人民币国际化 / 160

TCL财务公司 | 好风凭借力，跨境人民币业务创新助力TCL全球化经营发展 / 167

洛钼集团 | 中国本土矿企的全球化之路 / 171

中国河南国际合作集团有限公司｜推动集团跨境资金结算业务创新，打造跨境结算"高速路"／176

前海联合交易中心｜跨境创新服务，助力大宗商品人民币定价中心建设 ／179

附录 ／185

附录1｜CIPS产品服务 ／186

附录2｜CISD（CIPS标准收发器）实施指引 ／192

附录3｜用户手册——CIPS标准收发器企业版 ／197

金融
机构篇
CIPS

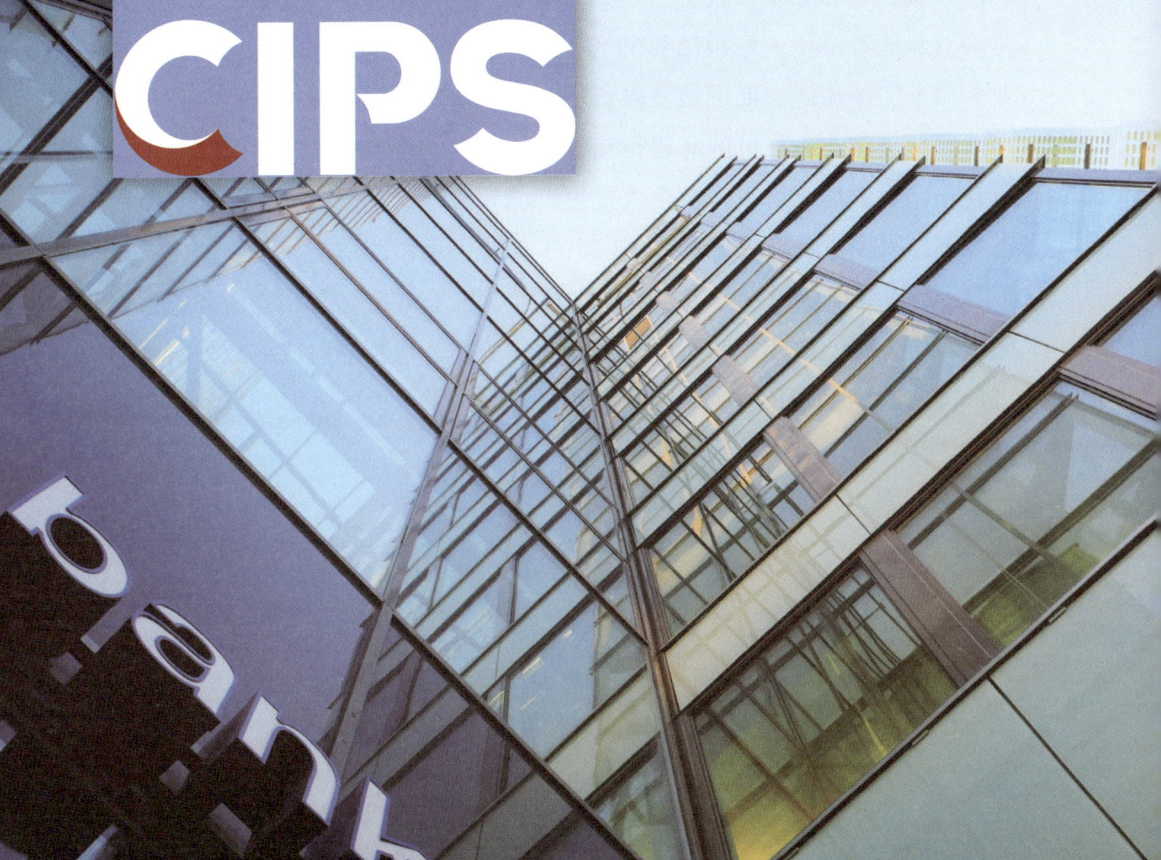

持续提升人民币跨境支付便利化水平[①]

■ 跨境清算公司

2021年7月,国务院办公厅印发了《关于加快发展外贸新业态新模式的意见》,提出要积极运用新技术新工具赋能外贸发展,培育外贸企业参与国际经济合作和竞争新优势。2022年6月,中国人民银行发布了《关于支持外贸新业态跨境人民币结算的通知》,要求进一步发挥跨境人民币结算业务服务实体经济、促进贸易投资便利化的作用,推动境内银行与依法取得互联网支付业务许可的非银行支付机构以及具有合法资质的清算机构进行合作,为市场交易主体及个人提供跨境人民币结算服务,支持外贸新业态发展。人民币跨境支付系统(CIPS)作为人民币跨境支付清算的"主渠道",是连接境内和境外市场主体的桥梁,也是维系交易各方商务关系的纽带。作为CIPS的建设和运营主体,跨境清算公司精准对接外贸外资企业市场需求,持续提升跨境支付便利化服务水平,全力服务对外贸易高质量发展。

[①] 作者为本书主编邬向阳。本文原载于《中国金融》2022年第18期,系金融支持外贸新业态专题封面文章。相关数据已更新至2023年7月底。

一、网络覆盖全球，人民币跨境支付能力不断增强

截至2023年7月底，CIPS共有参与者1456家，其中直接参与者91家（包括83家银行和8家金融市场基础设施）。2023年上半年，CIPS共处理人民币跨境支付业务299.2万笔，金额54.7万亿元，同比分别增长61.4%和20.9%。与广泛的网络覆盖相匹配，CIPS支持的业务种类越来越多，跨境金融服务投射能力日益增强。

一是跨境金融服务投射能力有效适配我国对外贸易规模增长需要。通过遍布全球的服务网络，CIPS参与者为市场主体提供了大量跨境金融服务，实际业务覆盖全球182个国家和地区的4200多家银行类法人机构。2023年上半年，CIPS新增覆盖了厄立特里亚、爱尔兰等国家。随着系统的不断优化和拓展，CIPS参与者的业务覆盖范围与我国对外经济交往的地域和功能重合度越来越高，为我国对外贸易使用人民币结算提供了有力支持，形成了新形势下外贸活动人民币结算服务供给和使用需求双提升的趋势，推动了外贸活动人民币结算规模持续增长。

二是跨境业务种类基本满足对外经济活动的人民币支付需求。除了传统的客户汇款和金融机构汇款业务外，CIPS不断推出新的服务功能。第一，提供"债券通"跨境资金结算业务。2017年"债券通"北向通开通，CIPS系统采用券款对付（DvP）模式，支持内地与香港债券结算，实现中国香港及其他国家和地区的境外投资者经由中国香港与内地实现交易、托管、结算等业务的互联互通。2021年债券通"南向通"落地，CIPS系统随即开通港元业务，支持人民币、港元资金结算，提供点对点清算服务，进一步缩短了外币业务汇款路径。第二，推出清算机构借贷业务功能。该功能通过连接境内外转接清算机构，便利港澳居民在内地衣、食、住、行等场景使用境外电子钱包。第三，提供粤港澳大湾区"跨境理财通"跨境资金汇划服务。CIPS利用自身业务功能及支付平台数据整合能力，为"跨境理财通"提供高效快捷的支付体验和额度统计功能，便利粤港澳大湾区居民跨境购买银行理财产品。

二、服务直通全程，人民币跨境支付效率持续提升

为进一步提升企业使用人民币跨境支付服务的可得性，CIPS根据市场需求研发了标准收发器产品。该产品在2021年荣获上海市人民政府颁发的"上海金融创新一等奖"。CIPS标准收发器作为CIPS业务规则和技术标准的物理载体，服务于银企间跨境人民币业务场景，解决涉外企业跨境汇款面临的交易路径长、结算周期长、资金使用效率低等痛点，打通了人民币跨境支付"最后一公里"，获得了银行和企业的广泛认可。2022年6月，CIPS标准收发器升级为跨境创新服务终端机（Cross-border Innovative Service Device，CISD），将为CIPS参与者和最终用户提供软硬件一体化解决方案，实现服务功能全面升级。

一是支持跨境支付结算及创新服务等各类业务场景。在跨境支付结算方面，CISD支持跨境收款、跨境付款、账户管理等核心业务，助力企业快速融入全球资金通汇主渠道，进一步促进贸易投融资便利化。CISD还支持信用证、保函、托收等常用国际结算工具，为企业提供高效、便捷的一站式数字化解决方案。在创新服务方面，CISD集成支付透镜、汇路优选等创新服务，进一步提升跨境支付的便利度、透明度和可预测性。

二是实现技术能力、标准应用、业务模式和服务能力四大突破。在技术能力方面，CISD采用自主设计的企业级分布式服务架构，运用国际标准加密、签名算法以及可靠通信技术，结合人工智能、大数据、图计算等计算机技术，实现金融级信息大规模、低延迟安全传输，提升跨境支付效能。在标准应用方面，CISD通过统一金融标准，实现"一个标准，直通全程"，进一步强化CIPS标准与国际通行规则有机衔接，以标准"软联通"打造合作"硬机制"，有效推动中国金融标准"走出去"。在业务模式方面，CISD终端可实现直接参与者、间接参与者、终端用户"一点接入"CIPS系统。终端用户部署一套CISD终端，基于统一接口、统一标准便可实现跨境人民币业务一体化处理。在服务能力方面，CISD首次实现"开箱即用，一键升级"，便于用户快速接入开办跨境人民币业务，并且提升了软件升级的便利性。

截至2023年7月底，已有2500多家金融机构和企业申请使用CIPS产品服务，用户分布覆盖境内所有省级行政区（除西藏外）以及新加坡、英国、阿联酋等10个境外国家和地区，业务触达22个国家和地区。

三、业务场景创新，助推外贸新业态高质量发展

面对我国金融机构和外贸企业对人民币跨境支付的新需求，跨境清算公司在监管部门大力支持和指导下，认真贯彻落实相关创新政策，积极开展以人民币跨境支付便利化为核心的业务实践，联合各参与方为市场主体提供优质高效的跨境跨银行综合金融服务方案。

一是积极追踪政策动态，强化银企合作交流。 2022年，面对严峻复杂的外部环境和国内新冠病毒感染多点散发带来的新挑战，国家出台了一系列兼顾当下又着眼长远的政策举措，为外贸平稳发展提供了有力支撑。跨境清算公司深入研究相关监管政策，积极参加商务主管部门组织的外贸新业态及跨境电子商务相关交流活动，发挥基础设施平台优势，引导参与者开展业务实践，推广人民币跨境支付综合服务，提升相关人员政策运用水平。

二是聚焦服务新业态，开发应用新场景。 新业态是推动我国外贸高质量发展的有生力量，也是国际贸易发展的重要趋势。跨境电商等新业态突破时空限制、减少贸易中间环节，顺应了全球市场加快数字化转型的要求。为积极响应市场主体要求，跨境清算公司充分调动金融科技产业链上下游的力量，推动基础设施、银行业机构多方参与协作。一方面，探索更多服务场景，面向跨境电子商务、跨境贸易融资、跨境合规筛查提供综合性解决方案；另一方面，持续优化数字技术应用示范和商业应用新模式，推动产业链及供应链协同创新。

三是打造服务贸易新业态，助力上海国际金融中心建设。 近年来，CIPS通过持续优化系统功能和不断拓展参与者范围，基本形成了立足上海、服务全国、辐射全球的人民币支付清算网络，促进了对外经济金融活动的稳定运行、效率提升以及持续创新。除广泛连接银行业金融机构外，CIPS通过加快

与境内外金融基础设施互联互通，接入中央国债登记结算公司、外汇交易中心、上海清算所以及香港债务工具中央结算系统等境内外金融市场基础设施，全面支持金融市场各类跨境业务资金结算，增强人民币金融资产和全球资源配置效率，进一步巩固了上海国际金融中心的资金枢纽地位。此外，CIPS通过加大金融科技关键技术研发和数字技术应用，为商业机构提升金融科技应用水平、开展跨境增值服务创新奠定坚实基础。各商业机构推出的"支付+""人民币+"的金融科技产品，正在沿着人民币跨境支付的"高速公路"向海外进军，成为对外服务贸易的重要组成部分，持续提升上海金融科技中心全球竞争力。

展望未来，伴随着我国对外贸易高质量发展和金融市场高水平开放，人民币跨境支付业务将迎来新一轮发展机遇期。跨境清算公司将进一步发挥CIPS金融基础设施平台作用，利用我国跨境支付领域信息技术和金融科技优势，联合各类市场主体，推动终端服务轻量化、支付服务智能化、资金服务精细化、行业方案市场化，不断提升人民币跨境支付服务水平。

以渠道创新实践，
助推跨境人民币业务高速发展

■ 中国农业银行

2022年是党的二十大召开之年，是实施"十四五"规划的关键之年，中国农业银行（以下简称农行）贯彻落实党中央、国务院决策部署，坚持系统观念、守正创新，把握高水平对外开放战略机遇，不断夯实跨境人民币金融服务基础，持续加强跨境人民币支付清算渠道建设。

作为我国主要的综合性金融服务提供商之一，农行以高质量发展为主体，突出"服务乡村振兴的领军银行"和"服务实体经济的主力银行"两大定位，全面实施"三农"县域、绿色金融、数字经营三大战略，凭借全面的业务组合、庞大的分销网络和领先的技术平台，向广大客户提供各种公司银行、零售银行产品和服务，同时开展金融市场业务及资产管理业务，业务范围涵盖投资银行、基金管理、金融租赁、人寿保险等领域。截至2022年末，农行境内分支机构2万余家，境外分支机构包括13家境外分行和4家境外代表处，拥有10多家境内外控股子公司。

一、跨境人民币业务整体情况

积极推进人民币国际化。在国际市场复杂多变的严峻形势下，农行加强人民币跨境支付清算体系建设，配合人民银行重点开展跨境人民币业务"首办户"行动，紧抓金融市场双向开放机遇，积极参与离岸人民币市场建设，持续增强境内外跨境人民币联动服务效能，通过加大对境内外客户跨境人民币业务的综合金融服务力度，实现全行跨境人民币业务快速发展。2022年，农行办理跨境人民币结算超2万亿元，经常项下跨境人民币结算量增速近40%。

积极助力构建新发展格局。依托国有大行国际金融服务的全面性、专业性优势，持续提升跨境人民币服务实体经济能力。针对涉农、央企、民企、外资等重点客群跨境人民币综合金融需求，创新多项境内外联动融资结算产品，不断优化业务办理流程，增强跨境人民币差异化政策供给，着力提升跨境人民币金融服务质效，为增强人民币国际货币功能、深化促进跨境人民币贸易投资便利化作出了积极贡献。

积极践行新发展理念。充分发挥金融科技赋能作用，加快推进跨境金融服务数字化转型，近年来推出"农银跨境e汇通""农银跨境e证通""农银跨境e融通"三大国际业务线上化品牌，跨境人民币金融服务智能化、线上化水平不断提升，为客户享受现代化跨境人民币金融服务便利提供全面支持。

二、跨境人民币业务创新实践

农行一贯高度重视跨境人民币业务发展，着力加强跨境人民币渠道建设，在CIPS首次上线和历次升级中，均作为首批试点行完成行内系统改造和验收，现已全面实现跨境人民币清算、港元清算、债券通、跨境理财通等业务功能，并于2021年8月完成CISD的行内部署，拓宽跨境支付服务渠道，提升客户资金清算效率。为推动同业与企业客户有章有序通过农行接入CISD，农行专门制定了相关业务操作指引，明确了全流程上下游各环节的工作要点，规范与客户的初步对接、系统联测及投产上线等事宜。截至2022年末，已有北京、江苏、深圳等地5家企业客户和1家同业客户上线，全年累计完成CISD渠道业务400多笔，金额达15亿元。

（一）支付渠道建设创新

一是推出一体化跨境清算服务方案。为更好助力人民币国际化，提升重点客户跨境清算水平，农行以优化本行CISD对接的客户端为切入点，创新实施技术输出服务，实现"标准接口、智能组报、线上全流程"。客户可通过标准化接口快捷直连CISD，从而降低系统开发成本、提高日常作业效率。该方案实现了银行与客户间的跨境清算直通模式，有效提升客户上线效率和服务体验。

二是推动央企司库跨境账户集中可视。农行香港、迪拜分行是第一批CIPS境外直参行，且迪拜分行履行阿联酋人民币业务清算行职能，部署CISD具有提升人民币跨境支付清算效率和安全性的重要意义。近年来，央企全球司库建设大步推进，对境外账户可视可控的市场需求日益增长，特别是涉及资金集中管理的央企，普遍希望通过我国自主可控渠道处理跨境交易。农行香港、迪拜分行通过部署CISD，优化跨境支付路径、实现跨境账户查询，助力央企全球司库建设工作，在提升银行自身跨境服务能力的同时，进一步带动所在地区跨境人民币网络发展，形成高质量金融服务合力。

（二）业务场景应用实践

案例1：拓展CISD创新服务，助力跨境大宗现货交易人民币结算

目前，我国是世界上最大的大豆进口国，根据海关统计数据，2021年进口大豆占全国总需求的85.5%。由于进口依赖度高，大豆是影响中国粮食安全的关键农产品之一。但长期以来，此类大宗商品采购习惯使用美元进行计价和结算。对固有结算路径的依赖，不仅会使我国采购商面临汇率波动风险，也在一定程度上影响了人民币的跨境使用。

深圳前海某交易中心以大宗商品现货交易服务实体经济为发展方向，制定了分阶段逐步实现建设全球大宗交易人民币定价中心的战略目标，作为一个公共服务平台，涉及多样化的跨境结算和融资场景。农行在了解到该交易中心获商务部批准开展全球大豆现货交易后，积极支持其交易平台建设，为其开立大豆交易平台的跨境专户，并为其提供大豆现货跨境交易结算服务。根据该交易中心业务特点，农行制订了专门的CISD对接方案，支持该交易中心于2022年4月成功上线CISD。该客户是农行首个应用CISD API模式开展跨境人民币支付业务的大宗商品交易平台，CISD部署应用得到了客户的高度认可。一方面，付款手续便利，支付效率大大提高。上线CISD后，不仅跨境人民币业务实现全流程线上化处理，而且跨境汇款隔天才能到账的情况也得到了改善，卖方基本上当天就能收到货款。另一方面，有效规避汇率风险。在买方支付人民币货款后，香港卖家最快2小时收到货款，通过锁定当天汇率完成货币兑换，汇率风险相对可控。截至2022年底，通过CISD完成跨境人民币交易超11亿元。

该案例应用前沿跨境人民币支付技术，有效地满足了客户在跨境清算中的安全性和便利化需求，对服务国家粮食安全、扩大人民币跨境使用具有良好示范效应。除此之外，农行还借助为该交易中心部署CISD的契机，向其企业会员宣传跨境人民币结算便利性及规避汇率风险优势，根据对方特点制订综合金融服务方案，服务企业在跨境交易中采用人民币计价和结算。

案例2：央企客户落地CIPS跨境账户集中可视业务

某集团是国有重要骨干企业，集团聚焦先进制造与技术服务、医药医疗健康、贸易与工程服务三大核心主业，积极对接服务制造强国战略、健康中国战略、"一带一路"建设，致力于建设世界一流企业。

该集团财务公司于2022年7月通过农行上线CISD，于2022年9月实现与CIPS直连。集团下属成员单位香港某公司、迪拜某公司已分别在农行香港、迪拜分行开户，因此集团财务公司希望通过CISD渠道实现对境外成员单位账户资金的可视化管理。基于客户需求，农行香港、迪拜分行成功上线CISD直参版集中对账功能，成为首批上线"账户集中可视"功能的CIPS境外直参。

2023年3月30日，农行为该集团财务公司落地业内首笔跨境"账户集中可视"业务，通过CISD将集团香港和迪拜成员单位开立在本行的账户信息自动推送至集团财务公司，该功能可实时提供成员单位的人民币、美元、欧元、港元、迪拉姆等多币种账户的名称、期初和期末余额、交易明细等信息，支持集团对境外成员单位账户、资金的动态管理。农行香港、迪拜分行部署CISD直参版前，集团需借助银行提供的跨境账户直连查询渠道，或通过银行解析并转发境外银行SWIFT报文的方式查询境外账户信息，流程较为烦琐。部署使用CISD后，集团财务公司通过CIPS报文实现对境外账户的点对点直接查询和管理，路径更短、效率更高，有效提高了境外资金集中管理效率。本笔业务还是中东地区首笔CIPS"账户集中可视"业务，实现了CIPS创新产品在中东地区的"破冰"。

本次创新业务的首发落地，充分发挥了农行服务央企客户的资源优势和系统优势，不仅丰富了央企司库跨境账户管理的工具箱，也更好地发挥了农行迪拜分行作为境外人民币清算行的服务功能。下一步，农行将积极借助跨境人民币创新产品，为央企客户开展跨境人民币业务提供便利的金融工具和丰富的应用场景，赋能农行服务央企司库建设，不断提升对客户的跨境金融服务质效。

案例3：科技赋能湾区跨境人民币创新服务

某商业银行位于深圳前海深港合作区，是农行CIPS上线的第一批间参行。

2021年，农行针对间参行在CIPS清算存在的支付指令标准不统一、人工处理环节多等问题，结合CISD"一套标准，直通全程"的特点，为该商业银行制订专属的CISD方案，支持该商业银行于2022年4月成功上线CISD间参版。该商业银行是农行系统内首家以API接口上线CISD的间参行客户，上线CISD打通了其与农行跨境人民币清算"最后一公里"，实现了直间参系统全链路报文标准化、业务直通化，有效提升跨境支付效率。2022年，该银行通过农行办理的CIPS业务笔数较上线前同期上涨39%；清算资金较上线前同期上升17%。

该案例是农行借助CISD在粤港澳大湾区开展的跨境金融创新项目，充分发挥农行在前海深港现代服务业合作区、横琴粤澳深度合作区的"双区"服务资源优势，积极促进跨境人民币业务服务实体经济，深入推进粤港澳大湾区金融互联互通。

三、跨境人民币业务未来展望

CIPS作为人民币跨境支付清算"主渠道"，近年来在建圈组网、制定规则、集中数据的过程中，不断挖掘跨境业务的痛点、堵点与难点，形成与各类市场主体良性合作、优势互补的发展模式。一方面推出了各类增值产品服务满足市场个性化需要，另一方面发挥金融基础设施的市场组织协调作用，逐步建立形成了包括客户管理、系统建设、业务运维等全生命周期管理体系，凝聚市场力量共同推进人民币跨境支付业务高质量发展。

下一步，农行将严格按照人民银行有关要求，快速响应、积极谋划、全力推进，持续提升跨境人民币综合服务水平，履行好国有大行的责任和担当，为有序推进人民币国际化、服务高水平对外开放作出更大贡献。

中国农业银行　孙姝　张沛莹　苏凯　张建华　王金玲　供稿

融通世界，助力打造人民币跨境支付的高速公路

■ 中国银行

开放是当代中国的鲜明标识。党的二十大报告指出，"依托我国超大规模市场优势，以国内大循环吸引全球资源要素，增强国内国际两个市场两种资源联动效应，提升贸易投资合作质量和水平。稳步扩大规则、规制、管理、标准等制度型开放。"中国银行（以下简称中行）积极贯彻落实党的二十大精神，有序推进人民币国际化，并在2023年3月发布了《中国银行支持外经贸企业扩大人民币跨境使用促进贸易投资便利化行动方案》。该方案明确，加强对境内外企业和金融机构人民币清算服务，利用中行在境外62个国家和地区的机构，特别是13家当地人民币清算行，构建丰富的境外机构网络和清算行网络，开展人民币业务宣讲，更好地服务实体经济，便利外经贸企业在境外的人民币使用，培育拓展当地人民币市场。进一步拓展CIPS参与者覆盖范围，持续完善人民币清算网络，配合推广CISD及支付透镜等跨境人民币清算服务，为境内外企业和金融机构提供高效便捷的人民币清算服务。

一、积极服务国家战略，加快推动人民币国际化

（一）贯彻落实跨境人民币便利化政策

2021年2月，人民银行等六部门发布《关于进一步优化跨境人民币政策支

持稳外贸稳外资的通知》，中行迅速对比分析新旧政策差异，积极响应企业需求，在新政当日率先落地多项业务。例如，上海市分行针对单证电子化在业务系统中增设了《跨境业务人民币结算付款说明》的电子化单据功能，与原先需提供纸质材料相比，进一步简化企业跨境人民币结算操作流程，优化客户体验。新政当日，共计26家企业使用该项功能，完成了53笔跨境人民币汇款，总金额逾4亿元。又如，广东省分行在新政当日累计办理首发业务近10亿元，包括为30家优质企业成功办理贸易投资人民币结算便利化业务8亿多元，办理贸易新业态跨境人民币结算3000多万元。

（二）服务重点主体重点区域重点领域人民币跨境使用

中行致力于提供更加便捷、高效的结算和融资服务，鼓励和吸引更多企业使用人民币跨境结算。例如，某央企下属公司主要从事化工石油工程、房屋建筑工程、市政公用工程、对外承包工程等，近几年，该公司承接了多个"一带一路"沿线国家的建设项目，项目主要使用外币进行跨境结算，但近期随着国际经济金融形势变化，主要货币汇率波动加大，公司资金结算的时效性、便利性有所下降。中行四川省分行了解情况后，主动向公司财务负责人介绍优质企业跨境人民币结算便利化政策，通过简化事先审核单据，凭借企业提交的收付款说明或指令，直接办理人民币跨境支付，能明显提升业务处理效率。2022年7月，该公司向四川省分行申请成为对外承包工程类优质企业，截至2023年4月末，累计办理跨境人民币便利化收支1.61亿元。

此外，中行还依托科技赋能，进一步发挥全球化、外汇外贸专业化优势，全力支持跨境电商等外贸新业态新模式高质量发展，以实际行动助力"一带一路"建设和推动跨境人民币业务发展行稳致远。例如，通过"中银跨境e商通"为中小微跨境电商企业和个人提供在线支付、结售汇、跨境汇款、数据申报等一站式金融服务。2022年12月，中行义乌市分行与沙特阿拉伯某银行成功办理跨境电商业态下的首单跨境人民币支付业务，位于义乌国际商贸城的某网络科技公司成功收到沙特阿拉伯客户的跨境人民币货款。

（三）助力推动金融市场双向开放

在沪深港通业务中，作为指定结算银行，中行通过CIPS为两地证券市场互联互通提供高效便捷的跨境资金结算服务。2022年全年，中行沪深港通项下跨境人民币结算量超过2万亿元，市场份额超过70%。

在债券通业务中，中行连续五年荣获"债券通优秀做市商"奖项。债券通"南向通"上线后，又作为首批机构分别通过理财产品和自营资金参与双托管模式和基础设施互联互通模式下的"南向通"业务，为全球客户提供优质、高效、便捷的跨境债券交易和资金清算服务，助力金融市场高水平对外开放。下一步，中行将根据客户需求，进一步优化系统功能，积极投产CISD债券通相关业务功能。

在跨境理财通业务中，中行广东省分行、深圳市分行、中银香港和中国银行澳门分行均获批准，成为市场上首批取得跨境理财通业务办理资格的银行机构。截至2022年末，中行跨境理财通签约客户2.7万多人，通过CIPS办理跨境资金汇划超过12亿元。

（四）积极参与全球跨境人民币清算网络建设

截至2022年底，中行在CIPS共有直接参与者（直参）16家，分布在亚洲、欧洲、非洲，其中12家是人民币清算行。代理的间接参与者（间参）583家，覆盖全球主要国家和地区，荣获跨境清算公司"人民币跨境支付清算业务领先参与者""人民币跨境支付清算突出贡献参与者"等奖项。

从业务量看，中行在全球的人民币跨境清算量市场份额约占25%。2022年全年，境内分行跨境人民币结算量10.4万亿元，同比增长24%（经常项目结算量2.8万亿元，同比增长40%；资本项目结算量7.6万亿元，同比增长18%）；境外分支机构跨境人民币结算量20.8万亿元，同比增长27%。

二、CIPS终端产品创新实践

为解决CIPS直接参与者和间接参与者以及最终用户之间支付指令标准不

统一、人工处理环节多等痛点，跨境清算公司推出CISD，更好发挥金融基础设施服务实体经济、促进贸易投资便利化的作用，助力人民币国际化。在跨境清算公司支持与指导下，中国银行于2021年9月首批投产了CISD，截至2022年12月，累计投产客户数量达36家机构，涵盖金融机构和企业客户。通过应用CISD，缩短了人民币跨境支付时间，降低了汇款费用，为企业实现降本增效，形成市场典型案例。此外，跨境清算公司还基于CISD开发了支付报文追踪服务——支付透镜，针对这一新功能，中行第一时间推进行内相关系统开发，并成功于2022年12月投产上线，帮助中行相关客户实时了解跨境人民币业务汇款状态。

案例1：服务实体企业跨境支付需求，提升跨境资金清算效率和透明度

截至2023年4月末，中国银行江苏省分行共有CISD客户14家，均为有一定行业影响力的企业，对外贸易谈判能力较强，且跨境交易对手主要分布在我国香港及东南亚地区，对人民币计价结算接受程度相对较高，因此企业往往倾向于在贸易合同中约定采用人民币进行结算。总体而言，上述企业人民币跨境结算在本外币结算中占比在30%以上。

在部署使用CISD前，企业办理跨境人民币收付款业务往往存在三个"痛点"：一是企业财务人员通常前往开户行柜面办理跨境人民币付款业务，须填写纸质《跨境汇款申请书》《跨境业务人民币结算收/付款说明》《购/用汇申请书》等，加盖企业公章/印鉴章，并提供贸易背景材料。企业在跨境汇款申请书等填写、盖章环节需要一定流程，若申请书填写或用印不规范，银行会作回退处理，一来一往耗时较长。二是企业办理跨境汇款后无法查询到汇款的实时状态，导致无法与境外的进口/出口商及时沟通装船发货、船运保险生效等后续事宜。三是部分大型企业集团在多家银行开展跨境结算业务，需登录多家银行网银或联系

银行柜面询问汇款情况，信息收集成本较高，且不能及时掌握第一手信息。部署使用CISD后，银行和企业通过CIPS标准格式信息传输机制收发报文，实现跨境人民币业务场景下的银企直连支付一体化处理，提高了跨境支付效率与安全性，有效解决了企业上述"痛点"问题。

江苏省某进口企业因国际结算量较大、交易频繁，同时在多家银行开户办理业务，对日常结算时效、成本等要求较高。为了帮助企业降本增效，中行在企业选择江苏省分行作为CISD合作银行后，经过专线铺设、设备部署、对端设置、网络联通、生产环境验证等程序，完成产品投产上线。目前，通过CISD企业已实现与中行的跨境汇款信息交互直连，常见收款人信息在客户端保存，可在线填报/映射汇款信息，并将信息及时传输到银行端，有效提高了跨境支付效率，确保了汇款信息的完整准确。中行还建立了跨境汇款服务专班，对该客户的跨境汇款问题实时反馈，进一步提升客户体验。

此外，中行还为企业投产上线了支付透镜功能，可以追踪跨境汇款的实时状态。在支付透镜帮助下，企业财务部门能够实时掌握资金在途状态、结算渠道、收取费用、到账金额。CISD投产上线有力推进了该客户业务财务一体化进程，实现跨境汇款与贸易单据传送的无缝衔接，为该企业日常国际贸易业务提供金融助力。

案例2：服务间参行跨境资金结算，提升资金结算效率

绍兴银行是中行浙江省分行发展的CIPS间参客户，在2022年6月投产CISD。自上线以来，绍兴银行跨境人民币汇入汇款渠道已全部由SWIFT迁移至CISD，累计为绍兴银行节约成本约6%，提升效率约8%，获得银行和企业的一致好评。

一是有效解决企业客户结算难问题。绍兴银行企业客户某传动科技公司的产品主要出口"一带一路"沿线国家，因外部环境原因，近两年该企业出口结算受到一定影响。绍兴银行在了解到企业结算难点后，主动建议对方尝试通过人民币结算，并详细介绍了CISD标准统一、使用灵活、信息传输安全等优势。企业在与其出口客户沟通后，随即敲定使用人民币进行报价结算。目前，针对该部分出口客户，企业已由原来的SWIFT渠道信息传输100%转化为CISD。企业客户表示使用CISD不但简化了结算手续，而且更加安全高效，保障了出口贸易正常开展。

　　二是切实提升跨境资金清算效率。绍兴银行企业客户诸暨某袜业公司主营产品为拉毛袜、平板袜，且全部销往欧洲国家。近年来，企业在使用SWIFT渠道收汇时经常存在资金清算路径长、清算时效性不高的问题，同时还有一定汇率风险。绍兴银行在了解客户痛点后，积极引导企业使用人民币进行结算，并重点宣传了CISD结算时效性强等优势。企业通过人民币结算并使用CISD后，明显感觉清算效率有所提升，资金到账时间比以往外币结算还快了1~2天，也不再需要考虑汇率风险和汇兑成本。得益于良好的使用体验，目前企业已在逐步加大通过CISD结算的力度。

　　自上线CISD以来，中行多次举办面向目标客群的路演，加强CIPS和相关产品服务的市场宣传推广。2022年11月第五届中国国际进口博览会期间，中行联合跨境清算公司成功举办跨境人民币清算专题推介会，吸引了10多家在沪外资银行参加，以及来自亚洲、非洲、中东等地区的50多名机构代表线上参会。活动期间，中行上海市分行和大丰银行上海市分行签署CISD合作协议，为后续双方开拓跨境人民币业务奠定了基础。

三、未来展望

（一）有序推进人民币国际化

一是加强人民币国际化市场分析和政策研究，积极参与上海自由贸易区新片区、粤港澳大湾区等特定区域跨境人民币创新，助力我国大宗商品交易市场、债券市场、股票市场对外开放，不断提升投资中国市场的便利性，推动人民币向投融资和储备货币转化。

二是以跨境批发和零售双轮驱动，推动人民币向计价货币转化，鼓励支持对外经贸企业在运营和交易中使用人民币，提升人民币的全球影响力。

三是积极向境外地区客户宣传人民币及相关衍生产品服务，培育客户人民币结算习惯。

（二）进一步助力CIPS建设

一是扩大CIPS的全球影响力。中国银行将积极助力CIPS扩大网络覆盖范围，特别是在"一带一路"、RCEP等重点区域发展更多代理银行以间参身份接入CIPS，提升CIPS服务的可获得性。

二是加强CIPS产品和服务创新。大力推广CISD等创新产品，实现直参、间参及企业之间的支付指令标准统一，大力推广支付透镜、账户集中可视、汇路优选等增值服务，使低成本、快速、透明和可追踪的跨境支付惠及更多终端用户。

三是推广CIPS规则、标准。配合开展标准化建设及功能优化，在标准向ISO 20022迁移的主流趋势下，进一步完善报文转换功能，助力CIPS标准与国际对接。

中国银行　陈吟华　黄巧妮　付晓军　陈洁美　罗强　供稿

携手CIPS，
推进跨境人民币业务高质量发展

■ 中国建设银行

党的二十大报告提出要深化金融体制改革，强化金融稳定保障体系，完善金融安全保障体系建设，有序推进人民币国际化。近年来，中国建设银行（以下简称建行）认真贯彻党中央、国务院决策部署，深入落实"三个能力"建设有关要求，持续推动扩大人民币跨境使用，在服务实体经济促进跨境贸易投资便利化的同时，推动高质量对外开放，持续提升国际竞争能力。建行作为CIPS首批直参行，对内通过提升行内系统运营效能，支持跨境清算公司各项CIPS创新功能，加大参与者推广力度，扩大网络覆盖范围，为企业跨境人民币结算提供便利；对外以市场化为原则导向，推动人民币"走出去"，积极推动境内外各金融要素市场联结，助力提升CIPS人民币跨境支付清算"主渠道"形象。

一、服务实体，持续提升全球投资者的服务能力

建行国际网络覆盖31个国家和地区，拥有各级境外分支机构近200家，是人民币国际化业务的积极推动者和市场领先者。2022年，建行累计为200多个国家和地区的近4万家客户办理跨境人民币业务2.87万亿元，人民币跨境收支在本外币收支总量中的占比超过40%。

近年来，建行积极落实银发〔2020〕330号文件和人民银行国资委央企座谈会精神，推动优质企业人民币结算便利化，建立优质企业白名单管理机制并上线白名单管理功能，为符合当地自律机制认定标准的白名单客户提供跨境人民币便利化汇款服务，提升优质客户业务办理效率，增强企业获得感和满意度。在此基础上，依托清算行和全球机构布局优势，深度参与离岸市场建设，境外人民币清算行和CIPS直参行的跨境清算服务能力持续提升。经人民银行批准，建行先后获任英国、瑞士、智利人民币清算行，目前三家清算行运营稳定。截至2022年末，英国人民币清算行清算量累计突破75万亿元人民币，继续保持亚洲以外规模最大的人民币清算行地位。

二、科技先行，不断提升跨境支付清算服务

2015年10月，建行总行作为首批直接参与者（直参）加入CIPS，实现跨境人民币在总行的"一点接入、集中清算"。2020年1月，伦敦分行获批接入CIPS，是首批加入直参的境外分支机构，截至2022年末，集团内CIPS直参6家、间接参与者（间参）85家，进一步助力CIPS扩大全球网络覆盖。

建行建设了行内的全球支付系统（GMPS），该系统可根据汇款币种、收款行等信息自动选择CIPS路径支付，直通率95%以上。"GMPS+CIPS模式"通过全球集中部署、集中运维支持，能够支持建行全球机构全币种的清算业务在统一平台运作，可以提供包括商业付款、资金交易、债券、QFI托管等各类人民币产品跨境支付和离岸清算。境外机构加入CIPS直参行时，相关系统功能可参数化复制，从而实现快速实施。作业安排方面，境内由总行业务处理中心专业团队，集中处理落地汇款业务。境外机构直参行委托总行为人民币资金托管行，并在境内分行开立资金托管账户，由总行作业团队，为境外机构提供CIPS注资、调增、调减、清零和对账等账户服务，不间断地提供优质高效的全时区人民币清算服务。

三、紧跟创新，首批上线CISD

作为CIPS首批直参银行，建行一直是CIPS各项业务创新的有力支持者，双方携手不断拓宽清算渠道，满足客户多种清算路径选择需求。2021年5月，跨境清算公司推出CISD企业版，这是人民币跨境支付参与方之间的业务处理组件，实现了跨境支付标准化、一体化处理。建行第一时间成立项目组，快速跟进、全行铺开，建立"总、省、市"分行三级沟通机制，确定上线方案，加快行内系统测试，围绕通信组件设备采购、CISD申办流程等方面与跨境清算公司密切沟通。同时，组建跨条线的综合化市场服务团队，为CISD推广部署做好全方位准备。

（一）在上海，推动S车企财务公司首批上线CISD

当前，我国汽车市场正在加速向新能源、智能化领域转型。S车企是国内规模领先的汽车上市公司，正在全面推进"纯电、混动、燃料电池"三条新能源技术路线，强化自主核心技术攻关。近年来，在全球化研发、营销、投资和贸易布局下，S车企财务公司跨境人民币业务迅速增长，人民币成为仅次于美元的第二大结算货币，2022年结算量逾百亿元。随之而来的是财务公司对人民币跨境结算质效有了更高要求，希望资金收付的到账速度更快、成本更低。

经建行上海市分行积极推动，2021年5月14日，S车企财务公司首批上线CISD。以付款业务为例，上线CISD前，该财务公司与建行的汇款数据通过SWIFT传输，SWIFT报文需要落地到支行处理，补录交易编码、交易附言等相关信息后，才能通过经办支行流转至分行业务处理中心，最后才能对外发报。上线CISD后，由于报文标准统一，汇款信息可以直连建行业务处理中心处理，业务全程不落地，进一步提升企业跨境人民币支付体验。2021年6月22日，该财务公司通过CISD办理的一笔12.15万元的货款支付，从建行上海市分行发起，到位于马来西亚的对手方AMBANK BERHAD银行入账，全程仅需1~2小时，支付效率相比CISD上线以前大幅提升，节约了约3小时。

此外，部署使用CISD后，S车企财务公司还可以避免与多家合作银行多头对接，可以实现对账务信息全面、实时的透视化管理。通过加载可选的支付追踪功能，不仅能够实时掌握支付进度，了解各个环节出现的费用，还能进一步实现头寸的预管理，全面提升跨境人民币收付的业务处理效率。目前，借助CISD这一创新工具，该财务公司已实现了本外币一体化的跨境收付架构，能够为集团成员单位提供高效便捷的本外币跨境收付服务，进一步提升跨境业务体验。

（二）在辽宁，助力央企财务公司上线CISD办理业务

A企业是钢铁、钒钛、矿业、金融、贸易、工程技术、物流能源等多个产业组成的特大型钢铁企业集团，分子公司及客户遍布全球，产品销往70多个国家和地区。

为保障国际贸易资金结算安全，该企业财务公司在2021年4月就成功上线了CISD。鉴于建行辽宁省分行也是该企业的主要开户行，2021年10月，双方启动基于CISD的系统开发适配。2022年10月，该企业财务公司发起付款指令，通过CISD与建行成功办理跨境人民币付款15亿元。20分钟后，位于澳大利亚的收款方成功入账。

长期以来，A企业向其境外成员企业放款面临着审批周期长、操作复杂、资金到账慢等问题。上线CISD后，通过CIPS标准全链路直通式处理，操作人员足不出户，通过财务公司资金系统网银端发起支付指令，集团财务系统自动受理，API接口直接将指令传送到境外企业开户行，改变以往需要临柜办理业务的模式，在业务发起、指令传送、信息核实、付款信息回传、账务处理环节都实现了线上处理。通过CISD办理业务，既满足了成员单位的资金使用需求，又提升了跨境支付业务的处理效率，让成员单位享受到高效优质的跨境支付体验，为A企业国际化经营和资金安全提供了有力保障。

（三）在广东，通过CISD解决科技企业跨境结算需求

为解决显示面板、硅材料及电视行业龙头企业T集团的跨境资金结算需求，建行广东省分行成立专项工作团队、制订专属服务方案，成功上线CISD并顺利进行了本外币一体化资金池的跨境人民币结算。在该笔业务中，2022年7月4日，T集团从建行惠州市分行发起付款，对手方是位于中国香港的成员企业，全程仅用时4小时。通过部署使用CISD，原本需要通过传统纸质材料临柜办理的业务信息只需几秒钟即可线上传输至银行，提升了跨境资金结算效率。标准化的业务处理模式贯通了银企信息交互渠道，解决了T集团汇路选择、汇款时效性和安全性等问题，实现了成员企业跨境人民币支付业务的全流程电子化办理，进一步提升了跨境人民币结算信息化、便利化、智能化水平。

（四）在江苏，CISD提升外资木业公司支付清算效率

一家马来西亚外商独资的木业企业成立于2002年，注册资本1230万美元，投资总额约合人民币2亿元，具备400万平方米的实木复合地板生产产能。在业务模式上，该企业产品先销往其集团在中国香港的经销商，再由中国香港经销商销往美国、马来西亚及全球其他国家和地区，全年跨境人民币收款超1.5亿元。作为集团重要生产基地，集团总部对该企业的资金收付效率要求极高，经销商汇款后即要求其及时查账并入账。

建行江苏省分行坚持"金融标准为民利企"的理念，从统一金融标准、提升跨境支付清算效率出发，为这家木业企业部署了CISD。上线CISD后，企业不仅提升了资金到账速度，还可以第一时间掌握资金到账情况。建行在为企业解付时会通过CISD发送入账通知，企业可通过汇入汇款查询功能自主查询资金到账情况，及时汇报总部，效率得到极大提升。目前，该企业将人民币作为主要结算货币用于贸易结算，并争取与更多客户商议使用人民币，加大人民币结算力度。

此外，包括北京分行在内的多家分行均成功携手当地企业成功上线

CISD，并完成首笔业务办理。承担建行内部CISD落地业务处理及MPS外币支付系统模块联动测试的业务处理中心表示，CISD推出后，实现了统一标准、高效、低摩擦的跨境人民币业务直通式处理，减少了前台中间环节，提高了处理时效。

建行作为CIPS主要的参与机构、资金托管行和金融科技伙伴，将继续坚持金融科技赋能，落实大行担当，在创新场景、客户拓展、系统优化等方面加强协作，进一步打造共建、共享、共治的跨境支付生态圈，共同推动跨境人民币业务高质量发展。

中国建设银行　孙玉辉　韩鹏　马腾　马甜原　李骄龙　供稿

人民币跨境支付创新业务发展情况

■ 交通银行

作为一家历史悠久的国有大型银行集团，交通银行以"建设具有特色优势的世界一流银行集团"为目标，紧紧围绕金融工作三大任务，打造四大业务特色、提升五大专业能力，聚焦"上海主场"建设、数字化转型两大重点领域率先实现创新突破，示范引领全行高质量发展。

随着我国经济的不断增长和对外贸易的蓬勃发展，人民币的国际化程度正在稳步提高，人民币逐步获得了国际广泛认可。党的二十大报告提出，有序推进人民币国际化。作为首批开办跨境人民币业务的商业银行，交通银行持续创新跨境人民币产品和服务，推动企业在外经贸业务中更多地选择人民币。截至2022年末，交通银行为32个国家和地区的100家境外人民币参加行开立235个跨境人民币账户。2022年，交通银行境内机构跨境人民币结算量超1.5万亿元，同比增长26.84%。

一、跨境人民币业务创新实践

（一）深度参与CIPS创新产品研发，形成多项创新成果

2021年初，在跨境清算公司牵头组织下，交通银行深度参与研发了CIPS标准收发器，荣获"上海金融创新奖一等奖"和"人民银行金融科技发展奖

二等奖"。在应用推广方面，交通银行也是积极部署，全力推进，率先成为CIPS标准收发器直参版的试点行，并推动本行客户首批上线CIPS标准收发器间参版、企业版；服务客户类型涵盖省联社、城商行、农商行、外资银行、财务公司、证券公司、金租公司以及企业等各行业，上线客户数大幅领先同业；实现CIPS标准收发器"出海首航"。

2021年末，双方共研共建的又一创新产品CIPS支付透镜服务试点成功，满足了参与者实时掌握汇路状态的需求。交通银行总行、香港分行分别作为境内和境外首批直参行试点上线了CIPS支付透镜服务，北京市、天津市、上海市、江西省、青岛以及香港分行客户成为首批CIPS支付透镜服务用户。

（二）积极拓展CIPS参与机构，支持CIPS全球网络建设

交通银行作为首批CIPS直参机构，积极争取境外直参资质，先后推动交行首尔人民币清算行、香港分行和香港子行成为CIPS直参机构。目前，交银集团在CIPS直参席位中占据4席，直参机构数量市场排名靠前。CIPS间参拓展方面，通过积极开展CIPS间参银行客户营销，带动跨境人民币清算业务量快速增长。目前，交通银行服务的境内外间参银行客户累计262户，间参总量和2022年新增间参数量均排名前列。得益于间参客户数的大幅提升，代理CIPS间参交易量实现量级增长。

（三）打造具有交行特色CIPS生态圈，为客户提供综合跨境金融服务

为进一步满足客户多元化跨境金融需求，交通银行以CIPS为基础，结合本行技术优势和产品特点，从优化客户服务角度，打造了具有交行特色的CIPS生态圈，为客户提供CIPS跨境直通车、CIPS+跨境资金池、CIPS+财资管理等一揽子跨境金融服务。

（四）深入贯彻落实跨境人民币便利化政策，支持外贸新业态新模式发展

交通银行持续加强与省级自律机制沟通，明确优质企业认定标准，及时

获取当地优质企业名单，在"展业三原则"基础上，按照"实质重于形式"原则，简化跨境人民币在货物贸易、服务贸易、外贸新业态、跨境直接投资等业务场景的结算流程，为真实合规的跨境贸易投融资提供便捷高效的人民币结算服务。截至2022年底，全行推进/落地18个外贸新业态项目，对接分行12家，实现对京津冀、长三角、大湾区、成渝、长江中游城市群等重要经济圈的外贸新业态服务覆盖。

（五）积极参与自贸债业务创新

交通银行不断丰富自贸区债券投资者结构，引入新加坡分行、澳门分行、首尔分行、伦敦分行等境外投资者，创设"投资者+主承销商+信托人+中债登结算行+本地结算行"五位一体的自贸区离岸债券综合服务金融体系，实现多笔业务在交通银行体系内全流程运作。推动绿色双币种自贸区离岸债券"明珠债"，某自贸区企业10亿元人民币、5000万欧元自贸区离岸债券成功落地，首尔分行和东京分行参与认购。统筹"跨融通"资源，推动东京、新加坡、澳门、伦敦和香港分行参与认购交银金租发行的绿色自贸区离岸债券3亿元，占债券发行金额的10%。

二、用好CIPS标准收发器，助力各类市场主体提质增效

（一）服务间参银行机构

某西部城商行A银行于2018年与交通银行建立代理间参关系，并于2021年通过交通银行上线CIPS标准收发器。2022年，受美元加息影响，美元持续升值，该行客户在与东南亚对手方进行交易时，使用传统货币美元结算面临巨大的汇率风险。A银行积极向客户推荐采用跨境人民币作为结算币种，并使用CIPS标准收发器进行结算，切实为企业实现了降本增效。

A银行表示，其客户与东南亚对手方签订进口贸易合同时，涉及货物金额100万美元，约定以人民币进行结算，订单日后2个月发货，到港后客户支

付货款。当期美元汇率6.35，客户锁定货款成本为635万元人民币。2个月后因美元加息，美元汇率上涨至6.7，因前期已锁定了人民币货款金额，有效规避了因汇率波动导致的成本上涨。

据A银行客户反映，使用CIPS标准收发器办理跨境人民币结算，业务效率得到很大提高。例如，选择跨境人民币结算，清算头寸安排更为灵活，节省了购汇和安排头寸的时间。随着CIPS覆盖国家和地区的扩大，参与的机构越来越多，通过CIPS进行支付，款项都能在T+1个工作日及时入账。同时，在清算问题的沟通上，跨境人民币业务只需与本地代理清算机构进行沟通，无须联系境外账户行，大幅降低了沟通成本。CIPS标准收发器采用CIPS统一的技术和业务标准，业务处理的全流程直通率大幅提高，减少了人为干预环节，间参银行基于CIPS标准收发器办理跨境人民币结算，为客户办理跨境人民币业务的整体时效性得到明显提升，并可获得更多综合、全面的跨境金融服务。

某境内间参B银行，作为全国首批间接参与行，通过交通银行接入CIPS标准收发器，并为某公司办理了CIPS标准收发器渠道的跨境人民币汇款业务。B银行开展国际业务时间较晚，但借助CIPS标准收发器，B银行跨境人民币业务快速发展，2022年办理跨境人民币业务241笔，展业客户52户，跨境人民币结算量达23.21亿元。

B银行表示，CIPS标准收发器有利于扩大人民币跨境支付系统的业务功能和覆盖范围，建立直接参与者与间接参与者基于CIPS标准的传输通道，实现跨境人民币业务标准传输的独立性、完整性和安全性。CIPS标准收发器上线以来总体运行平稳，收发报文正常，传输高效，客户反馈到账时间快，反响良好。接入CIPS标准收发器后进一步拓宽了间参银行跨境人民币清算渠道，也为客户提供了更加快捷、透明、安全的跨境人民币支付服务。

2022年8月，B银行又基于CIPS标准收发器成功上线CIPS支付透镜服务，成为境内首批试点CIPS支付透镜服务的银行。B银行表示，今后客户在办理跨境人民币汇款时就能实时掌握汇款状态，优化了服务体验。

（二）服务企业集团财务公司

A集团财务公司于2022年4月通过交通银行成功接入CIPS标准收发器，并将财务公司在交通银行开立的跨国公司跨境资金池人民币账户作为接入账户，通过该账户完成了相关款项的收付。截至2022年末，累计为其境内成员企业办理收付款业务12亿元。与此同时，A集团某香港子公司同步部署了CIPS标准收发器，落地NRA账户体系下的CIPS标准收发器应用。通过CIPS标准收发器直连模式，实现境内外联动，带动境外子公司跨境人民币结算交易超13亿元。

（三）服务上市公司

B企业是一家以经营纺织品为主的大型"走出去"上市集团公司，集团拥有17家子公司、1家参股公司，分布在中国香港、中国澳门、越南、浙江、江苏、山东等地。B企业于1993年与交通银行建立合作关系，多项业务上都有广泛的合作。近年来，汇率双向波动加大，为规避汇率风险，集团更倾向选择使用人民币开展境外项目的建造运营，部分订单也选择以人民币进行结算。

由于B企业与众多子公司之间资金的归集、调拨很不方便，资金使用效率低下。交通银行结合集团人民币全球化结算及内部资金管理需要，为集团提供CIPS+跨境资金池综合服务，基于CIPS标准收发器办理集团旗下各企业的跨境人民币业务，很好地满足了集团实际需求，得到了集团的高度认可。交通银行帮助B集团仅用两周时间就完成注册申请、安装调试、联通专线、账户配置和投产测试等工作，成功部署了CIPS标准收发器。在资金池框架下，B企业16家子公司使用CIPS标准收发器处理跨境人民币的汇划，实现跨境人民币业务一体化处理，为公司加快资金周转、降低财务成本起到非常有力的支撑。同时CIPS标准收发器利用现有网络资源，将终端用户与结算银行相连接，以CIPS标准进行通信，以全球法人识别编码（LEI）进行跨境法人穿透识别，通过一体化处理的方式，打通了人民币跨境清算的"最后一公里"，清算流程可跟踪，改善企业使用跨境人民币的整体体验。2022年，B集团通过CIPS+跨境资金池，汇划人民币约2.5亿元。

三、对跨境人民币业务的展望

人民币是我国的主权货币，作为国际金融中最重要的货币之一，跨境人民币未来将在更多跨境业务场景中使用。CIPS作为人民币跨境支付"主渠道"作用日趋凸显，国家"十四五"规划也明确提出了要加强人民币跨境支付系统建设，维护金融基础设施安全。交通银行将紧紧围绕国家战略部署，持续深入服务跨境人民币业务高质量发展，全力支持CIPS建设，助力推进金融基础设施国产化，为提升我国金融业的整体竞争力作出积极贡献。

交通银行　胡翔　供稿

聚焦央企司库建设，以银企数字化转型为契机助力人民币国际化

■ 中信银行

2023年伊始，商务部、中国人民银行联合印发《关于进一步支持外经贸企业扩大人民币跨境使用 促进贸易投资便利化的通知》，从九大方面进一步便利各类跨境贸易投资使用人民币计价结算，鼓励银行在"展业三原则"基础上，为真实、合规的跨境贸易投资提供更加便捷、高效的人民币结算服务。

中信银行始终坚定贯彻落实党中央、国务院以及人民银行决策部署，认真履行国有金融企业社会责任。近年来，持续推动人民币跨境金融服务数字化转型和高质量发展，简化跨境人民币结算流程，提升企业客户跨境人民币业务体验，行内跨境贸易投资人民币结算占比逐年提升，企业客户对人民币结算使用意愿和积极性正在不断提高，2022年全年，中信银行跨境人民币收付近万亿元。

一、央企司库建设新机遇

从外部环境看，世界变局加快演变、新冠病毒感染冲击、全球经济发展的不确定性、不稳定性因素日益增多，跨国企业集团亟须通过全球司库灵活调配内外部资源，有效实现外汇汇率利率风险管理，提升集团企业集中运营

管理效率。2022年以来，国务院国资委先后发布《关于推动中央企业加快司库体系建设　进一步加强资金管理的意见》《关于中央企业加快建设世界一流财务管理体系的指导意见》，强调加快推进司库管理体系落地实施。

因此，传统的资金管理模式已经难以适应现代化管理模式和数字化监管要求，央企逐渐认识到了司库体系建设的必要性和紧迫性。为落实国务院国资委要求，央企正在从金融资源统筹管理、全面风险管理等方面入手强化司库体系建设，以实现境内外本外币一体化管理、境内企业银行账户和资金流动的信息动态归集和穿透监测。在此背景下，当前银行对公业务经营发展面临更多挑战，同时也让新型数字化公司银行业务领域充满机遇。中信银行借助多年经营积累的庞大央国企客群，聚焦人民币国际化和跨境人民币结算领域创新，积极探索央企集团司库管理新模式，赋能"全球价值链"生态体系建设。

二、以CISD为载体，加快数字化转型

中信银行在司库建设方面积累了完善的经营体系、丰富的产品方案，借助交易银行、国际业务和金融科技等领域的差异化优势，为央国企司库体系建设提供一揽子综合服务方案，能够为客户搭建包括账户管理、流动性管理、收付款管理、投融资管理、风险管理等功能在内的境内外全球化综合性金融产品服务体系。为了持续深化跨境人民币清算领域创新和数字化转型发展，2022年9月6日，中信银行顺利投产上线CISD，在传统银企直连系统、超级网银系统以外，为企业提供了账户可视新工具，对企业集团全球本外币一体化资金管理意义重大，标志着中信银行跨境人民币结算领域数字化服务质量进一步提升。

CISD是由跨境清算公司于2021年研发推出的，用于直接参与者、间接参与者及终端企业用户之间信息传输的创新产品，是跨境支付的最基本工具，用于各类用户间跨境支付指令的传输，以及承载各种跨境支付创新功能的IT基础产品。企业客户通过CISD可实现一点发送跨境支付指令、账户集中可

视、电子影像传输、信用证业务一站式处理，并享受支付透镜、汇路优选等增值服务。CISD的应用实现了跨境人民币支付一体化处理，打通了跨境人民币清算的"最后一公里"。企业既可以通过CISD发送人民币支付、查询指令，也可以发送外币支付、查询指令，最终通过银行转发清算系统执行资金调拨。

CISD具有以下特点。

一是标准统一，降本增效。CISD采用国际先进的ISO 20022标准，支持中文字符并容纳丰富的金融业务信息。CIPS参与者与企业在部署CISD后可以打通交易上下游链路，基于统一接口、统一报文标准实现支付业务全流程一体化处理，降低管理成本，提升跨境结算效率。

二是功能丰富，使用灵活。CISD全面支持跨境支付业务场景，包括汇出汇款、收汇查询、信用证业务、对账业务等业务处理，同时支持支付透镜、账户集中可视等增值服务，实现一站式服务。此外，CISD提供API与GUI两种使用方式，在业务效率、应用成本、扩展项等方面各有优势，支持企业集团结合自身需求及开发能力灵活选择。

三是一点接入，全网联通。在传统银企直连模式下，企业需要依据银行银企直连接口标准开发对接，各家银行接口标准不统一，开发成本及时间成本均较高。应用CISD后，企业集团可实现"一点接入"，与所有部署了CISD的账户行实现系统对接，一次性开发即可，可以极大地节约系统开发成本，缩短开发周期。

三、CISD产品功能助力央企司库体系建设

（一）账单查询，实现"看得见"

T集团是国有重要骨干企业，核心主业包括先进制造与技术服务、医药医疗健康、贸易与工程承包，集团在境内外分支不断增加，涉及大量的跨境结算业务，如何实现集团内资金的高效集中运营管理成为司库管理的重要课题。针对T集团司库建设中面临账户集中可视的切实需求和痛点，中信银行

第一时间成立"业务+技术"专项工作团队，与其进行了密切沟通交流。双方以财务合作作为切入点积极沟通任务推进、配合联调测试工作。在双方的通力合作以及跨境清算公司的大力支持与指导下，仅用一个半月即顺利投产了CISD跨境创新终端服务。上线首日，T集团财务公司即落地了与成员单位的账户可视交易，实现了对财务公司及试点成员单位开立在中信银行所有账户的集中可视，通过CISD统一门户入口可以便捷、清晰地掌握签约账户的期初、期末余额及交易明细，涵盖人民币、美元及欧元等本外币账户。相较以往企业通过银企直连方式实现账户可视对接，实施周期平均降低了2~3个月，降本增效效果显著。T集团财务公司负责人足不出户，在其办公电脑上登录内部财务管理系统，打开"集团司库"模块，就能清晰地看到集团内2家成员单位10个账户的最新账户余额、最近交易流水，可从不同维度掌握各成员机构资金情况。该负责人表示，未来集团财务公司将基于司库功能，实现一站式同名资金调拨、集中收付等服务，极大地提高集团资金运作效率。

（二）账户集中可视，助力"用得好"

2022年底，跨境清算公司进一步推出跨行账户集中可视服务，成为CISD又一亮点功能。在账户集中可视功能推出之初，财务公司需要与每家账户行建立银企专线来实现网络连接与信息交互，专线网络搭建费用和成本均较高。为解决这个问题，跨境清算公司又推出了跨行的账户集中可视服务，企业集团不再需要与账户行逐一搭建网络专线，而是与CIPS场务端系统直连，由场务端系统统一对接其他账户行并实现报文交互，从而大幅降低企业专线搭建时间与成本。

H集团是国务院国资委监管的大型央企集团，按照央企司库体系建设要求，需尽快完成全球账户可视化模块建设。H集团非直连银行超过60家，账户数量超过350户，其中包括很多境内中小银行，银企对接难度大，账户可视化程度低。了解到企业痛点后，中信银行积极营销并引导对方使用账户集中可视服务，为其详细讲解CISD业务模式和终端优势，并分析了应用CISD后账户可视化率提升、成本降低等效果，企业对CISD表达了充分认可，目前已在内部启动项目立项，正在对接中信银行讨论业务和技术细节。

对企业和财务公司来讲，应用CISD终端服务还可以极大地节省系统开发实施周期与成本。以往，企业通过银企直连接口模式与银行系统对接，从系统开发、联调测试到系统上线需要6~8个月，每增加一家直连银行，实施周期与成本将相应增加。相较传统银企直连模式，CISD具备软硬件一体化、开箱即用、标准统一的特点，企业只需要开发一次，即可与多家银行实现对接，实施周期与开发成本均大幅降低。

CISD不仅满足了央国企集团司库对境内外资金结算、单据上传、全流程无纸化的需求，更利用CIPS报文种类丰富、境内覆盖广的特点，实现了集团内风险把控及资金有效调度。目前已有多家央企集团就境内外账户集中可视场景表达了合作意愿，正在积极开展相关业务准备。下一步，中信银行将紧抓央企全球司库体系建设的机遇，进一步升级CISD创新服务，联合企业客户在信用证管理、账户集中可视、外汇资金交易等业务领域进行广泛探索，并持续做好跨境人民币政策宣导和业务推动，通过数字化、特色化手段为企业提供最先进的跨境金融综合服务方案，努力成为"有担当、有温度、有特色、有价值"的综合金融服务提供者。

中信银行　张琳　宣奇　罗潇潇　供稿

助力人民币国际化，
广发银行在行动

■ 广发银行

广发银行成立于1988年，总部在广州，是国内首批组建的股份制商业银行之一。近年来，广发银行坚持以服务国家大局和实体经济为己任，把"国家所需""民心所盼"与"广发所能"紧密结合起来，走创新、轻型发展道路，突出"零售转型、综合金融、根植湾区"三大特色，打造"价值型、智慧型、综合型"银行品牌形象，为客户提供高质高效、全方位一站式综合金融服务，打造具有"综合化、智能化、生态化"三大特色的"数字广发"品牌。

作为机构覆盖粤港澳"9+2"城市[①]和广东省所有地级市的股份制银行，广发银行以与广东省政府签订战略合作协议为契机，积极参与广东省重大项目建设，推动跨境金融创新，成为首批"跨境理财通"试点银行，跻身债券"南向通"首批境内投资者，首批获得跨境电商"直连+间连"资金收付款资格，首批CISD试点银行，创新推出跨境电商专属结算融资产品"广商汇""广商贷"。

---

① 香港特别行政区、澳门特别行政区以及广东省广州、深圳、珠海、佛山、惠州、东莞、中山、江门、肇庆9个城市。

一、跨境业务集中化、智能化处理

广发银行实现本外币跨境业务集中处理已逾10年，集中模式成熟，优势显著，目前集中处理的业务包括国际结算项下汇款、进出口信用证、托收、代收、对外担保、贸易融资等。业务操作系统与对公及零售客户端的企业网银、现金管理、银企直连、个人网银、手机银行、微信银行等前端全渠道打通，与后端SWIFT、CIPS、CNAPS、CFXPS等渠道全对接，客户可享受足不出户提交各类业务申请、实时查询办理进度及业务凭证，提供畅通无阻、高效直通的跨境支付新体验，助力客户资金高效运转，货畅其流。

广发银行在搭建跨境支付应用体系时充分考虑客户痛点和难点问题，以及该类业务未来发展趋势，强调依托科技赋能，实现"智能化"目标，主要表现为：智能注资，实现在CIPS注资、头寸调增自动处理，满足跨境支付业务需要。智能对账，对账流程系统自动完成，差错一键处理。智能清分，自动解析报文要素，来账报文自动清分至对应业务系统和业务模块，报文清分及时，查复效率高。智能转报，实现CIPS与SWIFT报文格式自动转换，为智能转汇奠定基础。智能转汇，支持广发银行与CIPS间参行客户资金清算、对账单业务等自动处理。智能汇路，跨境人民币资金收付默认使用CIPS渠道。对于间参行客户资金清算，根据对手方CISD上线情况，系统自动选择信息传输渠道。对于广发银行自身客户收款，系统通过报文类型判断、报文内容筛查、客户个性化信息设置等步骤，对CIPS报文智能处理，相关业务秒级入账。对于间参行客户转汇业务，系统根据报文内容调取银行信息参数，筛选清算渠道、报文类型、收款直参行，符合标准的报文可自动化处理。

A银行是某外资银行中国子行，2021年初成为广发银行CIPS间参行客户。A银行有转汇业务需求，但系统改造须由其母行审批，流程烦琐且漫长，所以提出希望能以不需要系统改造的方式代理其转汇业务，并对报文处理时效提出较高要求。广发银行快速响应客户诉求，及时提出解决方案，即根据其报文特点，进行一对一个性化报文格式转换、逻辑优化及校验，实现智能识别来报的收付款人名称和地址等信息、智能判断收付款人国别、智能选择收款直参行、智能转换业务种类编码等，在不改变客户原有系统及操作习惯的同时，显著提高业务处理效率，赢得A银行的高度认可，带动双方更加深入合作。2022年全年，该客户通过广发银行处理的跨境人民币业务突破400亿元人民币，同比增长136.7%；91.2%的业务实现系统全自动处理，无需人工干预。

二、跨境贸易融资产品推陈出新

打造跨境人民币直通车品牌，涵盖结算通、担保通、资本通、商贸通等，为企业提供集便利化结算、投融资、资金管理为一体的跨境人民币综合金融服务方案，助力客户融通全球，切实服务实体经济。打造"跨境瞬时通"国际结算业务品牌，包括瞬时达、瞬时结、瞬时汇等子产品，形成了出口收结汇、进出口押汇、进口网银开证、电子交单、进口售付汇等完整链条的线上化产品。推进贸易融资资产双向跨境转让，依托总部优势及粤港澳大湾区政策红利，在广州、深圳、东莞、佛山等多家湾区分行落地国内信用证福费廷跨境双向转让，充分利用境内外两个渠道、两种资源，切实降低大湾区企业客户的融资成本。推动跨境人民币便利化，被认定为"优质企业"的客户，均可凭《跨境业务人民币结算收/付款说明》在广发银行直接办理贸易项下跨境收付款，实现结算融资业务全流程线上化。

B公司是广州一家主营一次性防护服等防疫用品生产的企业，2022年底，该公司有一笔境外货款急需尽快收回，用于境内采购生产原料，加快生产进度，但受疫情影响，员工均居家办公无法线下办理业务。B公司为广发银行优质客户，在获悉B公司紧急业务需求后，按照银发〔2020〕330号文相关政策，立即根据B公司实际情况，梳理业务流程，运用行内跨境人民币直通车综合服务方案"结算通"及"瞬时通"线上功能，为B公司办理多笔跨境人民币资金入账，并及时完成境内采购物料的支付使用。从收到境外来报到指导B公司网银操作，到最后款项解付入账耗时不到1小时，帮助客户足不出户完成了货物贸易项下跨境人民币收款操作，体验了高效便捷的线上服务。

三、积极参与CIPS创新业务

（一）率先在总行及港澳分行部署使用CISD

CISD具有国际化、标准化、集约化、使用灵活和易于扩展等优点，其企业版是为银企间跨境人民币业务场景量身定做的业务处理与信息交互工具，可实现跨境支付一体化处理，提升跨境支付效率，降低企业管理成本。2021年5月，广发银行在总行、澳门分行及香港分行同步上线CISD金融机构版和企业版，成为首批境内外同步上线、实现粤港澳大湾区全覆盖的商业银行，并于上线首日成功落地首笔通过境内和境外端CISD办理的人民币跨境支付业务，对跨境人民币收付款全流程实现CIPS直通式处理具有里程碑意义。

（二）港澳分行作为境外间参直连支付透镜服务

基于CISD的支付透镜服务为跨境支付全链路提供各环节最新处理状态和扣费明细等信息，有效提升跨境人民币支付的速度和透明度。银行、企业可全天候便捷追踪支付流程各环节情况，便于企业流动性管理，进一步优化跨境支付的客户体验。2022年8月，广发银行作为试点银行，在总行、澳门分行及香港分行同步上线支付透镜功能，成功实现了境外分行间参直连支付透镜服务。

C公司为澳门当地一家对外投资公司，在马来西亚有对外投资项目，需向马方公司汇人民币投资款，因此非常关注款项的状态及时效性。以往，C公司财务人员为了解款项状态需经常致电广发银行澳门分行的客户经理进行查询，与银行在日常沟通上耗时较多。支付透镜服务上线后，广发银行澳门分行通过支付透镜服务推送实时款项状态给C公司，帮助该公司同步了解款项相关信息，节省了沟通时间。在支付透镜帮助下，C公司财务人员不打电话、足不出户就可以掌握付款进程，如2022年9月26日的一笔货款，在当天上午10点，从广发银行澳门分行发起支付；到10点12分，这一笔款项从转汇银行广发银行总行发送至马来西亚中国银行；到10点30分，位于马来西亚的收款行华侨银行确认已入客户账，同时产生手续费160元。为此，C公司对CISD及支付透镜服务给予了高度评价。

（三）为大型央企财务公司提供"账户集中可视"服务

为有效提高央企资金运营效率，严格防控资金风险，2022年初，国务院国资委发文要求央企加快司库体系建设，力争建成"智能友好、穿透可视、功能强大、安全可靠"的司库信息系统，能够对所有子公司银行账户全部可视、资金流动全部可溯，实现司库管理体系化、制度化、规范化和信息化。在此背景下，央企如仅依托银企直连等传统方式优化司库体系，则需同时与数十家甚至上百家银行逐一系统对接，面临系统繁多、标准不一、耗时漫长、成本高昂等重重困难。按照国务院国资委文件要求，某大型央企D集团正在寻求通过新技术优化司库体系。由于该央企成员单位在广发银行开立了账户，在获悉客户需求后，广发银行第一时间与D集团财务公司取得联系，密切探讨基于新技术的解决方案。经研究，决定通过CISD"账户集中可视"这一创新服务，以CISD为服务工具和载体、ISO 20022为信息交互标准、CIPS为信息交互中枢，实现D集团通过一个系统、一套标准对成员单位银行账户的全部可视及统一管理。

经过多轮沟通及系统联测，2022年9月，广发银行与该央企财务公司、成员单位联手落地"账户集中可视"创新服务，即经过成员单位授权，广发银行将成员单位的账户信息通过CISD推送至财务公司。截至2023年3月底，广发银行已经协助财务公司实现对D集团11家成员单位银行账户的全部可视及统一管理，财务人员在其内部财务管理系统上能够清晰查询到D集团内11家成员单位12个账户的最新账户余额、最近交易流水，从不同维度掌握各成员单位资金情况。

目前，D集团财务公司正在多家成员单位中推广该创新服务，由于对广发银行的研发能力、响应速度非常满意，目前双方正在探讨基于新技术持续优化司库体系，逐步实现资金归集、实时查询等功能。同时，很多其他央企也对"账户集中可视"服务产生浓厚兴趣，纷纷主动与广发银行联系和交流。这项基于CISD的司库体系优化服务，将有望为各大央企财务公司带来革命性的升级体验。

展望未来，广发银行将牢记"为金融改革探路、为经济发展服务"的初心使命，弘扬"敢为天下先"的优良传统，把思想和行动统一到党的二十大确定的"加快构建新发展格局""有序推进人民币国际化"等各项目标任务和工作部署上来，全方位提升金融供给水平，推动高质量发展迈向新台阶，在中国式现代化建设新征程上作出"广发贡献"。

广发银行　杨娟　郭琪琛　陈逸群　朱波　邱莹莹　胡芳　供稿

跨境金融创新
服务企业"走出去"

■ 兴业银行

兴业银行于1988年诞生在中国改革开放前沿——福建省福州市。随着稳经济政策效应逐步释放,兴业银行坚持以跨境人民币业务服务实体经济,围绕稳外资、稳外贸,持续推进国际业务布局,大力支持企业跨境贸易,推出小微出口企业在线融资产品,全力服务境内企业"走出去"。2022年7月,在福州举行"数智川流,致广大而尽精微——五大线上品牌发布会",围绕打造数字兴业,成功推出"兴业管家""钱大掌柜""银银平台""兴业普惠""兴业生活"五大线上品牌。通过品牌升级与融合,打破原有对公、零售、同业界限,将金融服务融入更多的生产生活场景,推动客户服务触点无界延伸,实现一个数字兴业、一站式场景服务,打造极致客户体验。

一、助企纾困,跨境人民币业务加速服务实体经济

2022年,总分行、各条线持续开展专项营销推广,提升金融服务水平,经过不懈努力,兴业银行跨境结算和跨境人民币业务规模均创历史新高、市场地位持续提升、产品体系不断完善,特别是在企业集团跨境财资管理、跨境人民币业务、境外债券承销、同业跨境业务合作等领域形成市场领先优

势。一是收支金额大幅增长。2022年，兴业银行跨境人民币收付量1.39万亿元，同比增长50%，其中，贸易项下收付量1588.31亿元，同比增长109%，资本项下（含直接投资和证券投资等）收付量1.19万亿元，同比增长44%。二是市场排名前列。CIPS业务量在同类型股份制银行中位居前列，首批上线CISD，目前兴业银行CISD合作客户达116家（企业客户101家，间参行15家）。三是重点客群生态圈建设加快。2022年以来，兴业银行加大跨境人民币业务推动力度，密切关注央企、地方国企、上市公司、大型民企等重点客群需求，推出针对性跨境金融服务，全年全行服务跨境人民币客户超4000家。四是业务场景更为丰富。兴业银行跨境人民币业务涵盖跨境结算、贸易融资、项目投融资、资金托管、跨境财资管理、资金交易等各类产品，业务范围涉及货物贸易、服务贸易、外商直接投资、境外直接投资、跨境证券投资等所有跨境人民币相关的业务领域，涉及的业务场景更为丰富。五是辐射范围持续扩大。近两年，兴业银行跨境人民币业务境外辐射范围持续扩大，主要涉及的境外区域包括中国香港、荷兰、开曼群岛、新加坡、美国、德国、中国台湾、俄罗斯、韩国、印度尼西亚等，服务能级进一步提升。

二、市场驱动，使用创新终端产品解决企业"急难愁盼"问题

CISD是CIPS直参、间参及终端用户之间信息传输的创新终端产品，具有标准统一、使用灵活、功能丰富、易于扩展的特点和降成本、提效率、防风险的优势，打通了人民币跨境清算的"最后一公里"。CISD功能不断丰富，基于交易归于场景，极大地解决了目前跨境业务痛点，促进贸易投资便利化。2021年7月，兴业银行上线CISD，成为首批上线的CIPS直参行。兴业银行高度重视CISD在企业客户层面的推广应用，在跨境清算公司支持下，仅三个月时间就快速完成行内系统改造，成功营销百余家企业及同业客户。2022年9月，兴业银行与跨境清算公司建立战略合作关系，全面、深度参与CIPS建设，在市场上率先落地CISD跨境汇款、进口开证、账户对账、支付透镜等创新产品。2023年3月，在市场上首创通过CIPS"债券通直通服务"实现债券

通互联互通模式结算报文的直通化处理。

案例1：央企客户C公司应用CISD汇款降低企业管理成本

C公司隶属于某油企集团公司，是集团公司专门从事海外原油产地生产设备及油路管道等设施的设计、制造、施工和工程总承包的专业公司，先后在多个国家和地区完成油气集输、油气处理、长输管道等大型项目建设。

由于业务需要，C公司在境外项目公司、分公司、子公司众多，客户公司账户体系较为庞大，因此对跨境业务时效性、便利性要求高，希望减少人工成本，实现线上结算；由于客户所从事行业存在多国、多方竞标情况，企业中标后实际进出口资金收付细节需要保密，因此客户在要求业务操作便利性的同时对结算数据的安全性又有极高要求。在得知该企业需求后，兴业银行第一时间组织专人沟通并给予技术支持，帮助对方上线CISD企业版。

2022年1月25日，C公司成功通过CISD从境外收款2.5亿元人民币。据该公司反馈，部署应用CISD后，跨境支付时效性和安全性明显提高，且全流程线上化操作，只需在公司内部系统提出申请，即可完成汇款指令提交，相较之前专人跑单、柜台处理、传真指令等结算指令提交方式有了质的提高，平均汇款时间缩短了1~2天，有效降低了企业管理成本。

案例2：上线CISD提升K公司跨境人民币结算意愿

K公司是某地知名外向型制造企业，年进出口额2亿美元，是纺织行业最大制造商之一。由于该企业大部分收入来自国外，希望规避汇率风险，且对跨境支付时效性及安全性要求较高。兴业银行积极营销、拓展对方使用人民币进行跨境结算并推荐配套应用CISD企业版，以提升企业跨境支付直通率、降低管理成本，实现企业线上化跨境支付。

目前，K公司已通过CISD企业版线上化办理跨境人民币结算，不仅规避了汇率风险，减少了汇兑成本，平均汇款时间也比以往使用外币缩短了1天左右。由于使用CISD后资金清算效率大幅提高，K公司使用人民币的意愿得到明显提升。

案例3：使用支付透镜为Q公司带来全新跨境收付体验

Q公司为世界500强企业，主要从事土地集中开发、房地产开发运营和基础设施建设等，是一家专业化集团公司，集团内经营跨境业务的分子公司较多，进出口贸易量大，多数分子公司有跨境人民币结算需求。

经与该企业沟通，受近年来国际外部环境因素影响，企业使用人民币从境外进口大宗商品越来越频繁，对于跨境结算便利化工具有一定需求。特别是，该企业分子公司汇款笔数多，临柜办理费时费力，而且往往因为跨境汇款时汇路复杂，业务直通率低，在境外交易对手未收到款项时无法判定汇款状态。在了解该企业需求后，兴业银行第一时间组织专人沟通并提供了一系列技术支持，协助企业上线CISD企业版并使用支付透镜服务功能。

部署使用CISD以后，企业实现跨境人民币业务全流程线上化办理，并且统一了报文标准，实现汇款报文格式零转换，业务直通率大幅提升，平均汇款时间缩短了1天左右。企业通过支付透镜服务功能，还能实现对每笔汇款全流程跟踪，及时了解中间行处理状态，掌控资金到账情况，获得安全高效的跨境收付体验。

案例4：头部券商G证券公司上线"债券通直通服务"

债券通自2017年7月上线以来，交易及结算机制不断优化，机构入市数量及交易量节节攀升，逐渐成为沟通境外机构投资者投资中国银行间债券市场的重要渠道。

G证券公司是证券业领先的综合金融服务商，在"债券通直通服务"上线前，CIPS债券通收付款结算报文止步于结算银行端，无法直达非银金融机构。这些非银金融机构需通过其他方式与结算银行交互结算指令和各类数据信息，产生了较高的交互成本，存在一定的操作风险隐患。

为解决上述业务痛点，G证券公司提出非银金融机构对于债券通资金结算直通处理的业务需求，跨境清算公司第一时间联合兴业银行与G证券公司成立专项工作组，从非银金融机构需求角度出发，制定业务需求、设计报文标准、开展系统研发测试，形成了债券通直通服务解决方案。

在多方合作共同努力下，2023年3月30日，G证券公司成功上线"债券通直通服务"并完成首笔业务。该笔业务通过全流程线上化形式实现资金结算、国际收支申报直通式处理，大幅简化传统方式债券通结算银行与债券通参与者（"北向通"做市商和"南向通"投资者）线下人工交互流程，有效打通了债券通业务项下跨境人民币结算的"最后一公里"，助力债券通参与者实现流动性管理更可控、结算时效性更强、数据申报更便利。

三、着眼未来，提升跨境金融服务能力

一是强化产品创新和差异化服务。深化与CIPS在产品创新方面的合作，以产品创新引领业务发展；同时，加快推进兴业银行在跨境财资管理、银银

平台、债券投资等领域产品和系统创新，巩固、整合、提升兴业银行在上述领域跨境人民币业务方面的既有优势。

二是密切关注新的增长点。 一方面，继续加大跨境电商、市场采购、"外综服"等新业态、新领域的业务布局和拓展力度，以实际行动支持我国"稳外贸"；同时，关注东南亚等RCEP和"一带一路"重点区域的业务机会，推动沿线和有区位优势的分行大力发展跨境人民币相关业务。

三是构建人民币跨境"新资产"。 加快兴业跨境贷、信保贷等基于大数据应用的线上融资产品升级和开发，构建具有较强市场竞争力的线上化产品体系。鼓励客户使用人民币进行跨境结算，对结算币种和融资币种为人民币的业务，加强授信支持，助力企业拓展海外市场。同时，兴业银行已完成开展境外贷款业务的备案工作，下一阶段将利用境外贷款政策红利大力推动业务落地，积极支持国内大型企业集团"走出去"，以国际银团、出口买贷等业务为抓手，支持企业在境外的投资和承包项目，把握优质资产业务机会。

四是强化全行跨境业务联动平台建设。 积极推进境内分行、香港分行、自贸区分行开展跨境人民币业务联动，尤其在大宗商品采购、企业跨境并购、企业股权交易、跨境债券投资、企业海外直投等领域，发挥各自优势、互通有无、优势互补，共同构建兴业银行跨境业务平台。

五是加强流程创新和系统建设。 加快推进新一代国际业务系统、涉外汇款系统、全球现金管理平台、兴业管家（单证通）等系统和平台的全面升级，密切关注CISD等创新工具新动态，积极试点应用，加快构建全流程、线上化、自动化、智能化的跨境人民币业务流程和系统。

兴业银行　石静　刘晓红　屈国柱　董晓伟
嵇敬业　陈凤　孙文雄　何振源　陆斌　供稿

注入金融"源头活水"，服务人民币国际化

■ 浦发银行

以2009年跨境贸易人民币结算试点为标志，人民币国际化正式启动。十多年来，人民币跨境使用逐步扩大，人民币在国际市场的定价功能稳步提升，党的二十大报告提出"有序推进人民币国际化"，人民币国际化已成为我国高质量发展、高水平开放的重要组成部分。浦发银行坚持客户为中心服务实体经济，逐步完善跨境人民币金融服务体系，以更全方位的金融服务注入源头活水，以便利化服务精准灌溉，助力人民币国际化持续突破。

一、以全面化金融服务，支持跨境人民币业务发展

浦发银行作为首批加入CIPS的直参行之一，持续发展跨境人民币业务并扩展间参伙伴，配合跨境人民币支付基础设施建设，代理间参份额稳居市场第二。截至2022年底，间参客户数253户，其中外资和境外间参客户数达126家，覆盖近40个国家和地区，代理间参数量位居市场前列，市场占比不断扩大。2022年代理结算笔数超20万笔，交易金额达2.62万亿元。

2022年，全球经济增长放缓，主要发达经济体通胀高企，新冠病毒感染、俄乌冲突等外部因素给经济发展带来不确定性，国际金融市场大幅波动，货币政策加紧收缩。我国经济发展也遇到病毒感染等国内外多重超预期

因素冲击，但浦发银行发挥人民币避险、资产价值稳定等优势，不仅在贸易结算、投融资、证券投资、跨境托管、个人金融等领域实现跨境人民币全产品线覆盖，且对于目前金融监管部门倡导的跨境结算便利化、跨境新业态各方面均加大投入，2022年浦发银行跨境人民币业务结算总量超9900亿元，同比增长24%。

二、以便利化结算服务，用好跨境政策红利惠企利民

2021年以来，围绕服务实体经济需求、推动国内国际双循环相互促进的发展新格局，人民银行等相关部门陆续出台一系列政策措施，提速更高水平跨境贸易投资便利化，服务人民币国际化稳健前行。浦发银行积极行动，用好用足跨境人民币便利化政策，全力满足企业便捷高效的跨境人民币结算需求。

浦发银行天津分行客户F公司长年从事焦炭等出口业务，是分行合作多年的重点跨境业务客户。该企业了解到境内某不锈钢制造公司在印度尼西亚投资的不锈钢冶炼生产基地即将建成，投产后需要大量清洁能源兰炭。F公司集团总部抓住商机，与境内不锈钢制造公司达成向印度尼西亚出口兰炭意向协议，并将兰炭出口业务从原有出口焦炭业务中独立出来，由新成立的兄弟公司J公司经营，预计年出口额可达6亿元人民币。J公司在落实境内兰炭采购的货源渠道后，向浦发银行咨询从印度尼西亚收取货款的结算业务，希望银行提供便捷高效的结算服务。该公司业务痛点主要集中在三个方面：一是燃料类大宗商品价格变动较快，收到境外预付款后需要当天入账、当天向境内矿厂支付定金并敲定采购价格，对结算时效要求较高；二是客户办公地点距离银行网点距离较远，遇紧急订单时财务人员人手吃紧，派人到银行办理业务有困难；三是公司成立刚满一年，尚无海关通关量及跨境结算业务量，不满足当时天津地区跨境人民币贸易结算便利化方案中正常生产经营一年（含）以上且达到一定跨境结算业务量的原则性要求。

浦发银行天津分行得知J公司的跨境结算需求后，主动上门协助制订结算

方案。在了解到J公司目前跨境业务方向只有出口，出口收入大部分用于境内采购的情况后，浦发银行基于跨境人民币结算对出口企业汇率避险的优势，向J公司推荐了跨境人民币结算方案。由于境外购货方印度尼西亚冶炼厂为中资企业境外子公司，其产品销售收入中有部分人民币，能够满足与J公司人民币结算的要求，双方很快敲定采用全额人民币结算。考虑到J公司人员抽调自F公司，内控管理和财务流程也都与F公司一致，基于对F公司经营和结算情况的长期了解，以及对J公司经营情况的展业调查，浦发银行与天津自律机制积极沟通，本着重实质原则，天津自律机制同意将J公司纳入天津地区跨境人民币贸易结算便利化优质企业名单，客户办理人民币跨境收款事前无须向银行提交真实性证明材料，只需财务人员自行保管业务背景材料以备事后抽查，缩短了J公司出口入账时间。

同时，浦发银行向J公司推荐使用跨境人民币网银收付功能，搭配便利化政策，最大限度提高企业结算效率。J公司首笔收汇业务落地时天津地区疫情形势较为严峻，为提升客户收款效率，满足客户结算时效要求，浦发银行采取视频电话形式，手把手辅导财务人员进行网银设置和首笔操作，结合浦发银行跨境人民币便利化政策，J公司作为优质客户可在白名单机制下急速办理跨境人民币入账业务，对优质客户简化事前审核，省去客户"脚底成本"，在疫情这样的特殊时期保障了金融服务的连续性和高效性。通过"本币结算+便利化+电子化"的结算方案，全面解决了公司汇率避险、结算效率和结算渠道的诉求，受到J公司的高度好评。2022年上半年，J公司跨境人民币出口收款5700余万元。

三、以全方位渠道服务，助推人民币国际化进程

随着市场主体对跨境人民币业务需求的不断提升，跨境清算公司不断完善系统功能和产品服务，为人民币国际化新业务、新模式提供了基础支撑，充分发挥了跨境支付清算"主渠道"作用。跨境清算公司在传统与银企对接的模式基础上，顺应信息安全性、标准统一性要求，推出CISD终端产

品。该产品是围绕典型业务场景量身定做的业务处理与信息交互工具，为银行及企业等终端用户提供集成跨境人民币汇款、支付追踪、账户管理、集团账户集中可视等一系列功能和服务，解决涉外企业跨境汇款面临的交易路径长、结算周期长、资金使用效率低、付款路径不可追踪等痛点，实现跨境业务高效、便捷、一体化处理，进一步提升信息传输安全性，优化市场主体跨境支付体验。

为加快跨境企业资金周转、提升人民币跨境支付效率，降低其财务成本，优化企业多渠道选择，目前，浦发银行全面完成了跨境人民币收付业务项下公司客户网银、银企直连、API、CISD等全渠道布局。截至2022年底，浦发银行已协助多家银行、企业申请或上线CISD，涵盖高科技、电子设备、机械设备、医疗器械、新能源、新材料等多个领域。

同时，为配合CISD汇款申报工作，浦发银行于2022年底推出了跨境人民币CISD申报模块。这个辅助功能模块可以便利客户对CISD发起的汇款业务进行在线国际收支申报，实现汇款业务全程"线上办、及时办、合规办"，避免客户因国际收支申报而另行填报纸质汇款申请书并邮寄至银行的烦琐过程，进一步提升了人民币跨境支付的整体效率。

四、以全球化账户服务，铺设人民币跨境"出海"之路

随着人民币国际化道路的持续扩展，司库管理作为现代企业治理的重要一环，可以进一步加强资金的集约、高效、安全管理，推动企业管理创新与组织变革，促进业务财务深度融合。2022年初，国务院国资委出台《关于推动中央企业加快司库体系建设进一步加强资金管理的意见》，要求央企力争于2023年底前基本建成"智能友好、穿透可视、功能强大、安全可靠"的司库信息系统，实现集团所有子企业银行账户全部可视。

长期以来，浦发银行积极探索境内及境外账户可视服务能力，前期已通过银企直连服务渠道和SWIFT服务渠道向企业提供全球账户可视服务。在获悉跨境清算公司可依托CISD直接发送报文进行账户查询后，浦发银行第一时

间着手研究系统对接，并正式面向企业客户推出依托CIPS网络的全球账户集中可视服务，满足大型企业特别是央企国企司库的管理需求。

相较传统银企直连接入方式，CIPS账户集中可视具有接入速度快、投入成本少等特点，为企业实现跨银行账户管理提供了全新的经济快速途径，有效助力企业管理数字化转型。企业在无须与多家开户银行一对一建立连接，基于CISD仅需"一次接入"即可查询包括浦发银行在内的所有开户银行账户信息，实现境内外账户余额及明细的可视化管理，大幅降低系统开发成本，提升账户查询覆盖面。

2023年3月，浦发银行已为T集团接入该服务的使用。T集团是我国先进技术装备引进服务商，同时也是国内领先的装备制造商及国际工程承包商。为更高效地管理集团境内外成员单位的账户，提高资金收付管理效率，在总行、北京分行和香港分行内外联动下，浦发银行率先将该集团境外成员单位在香港分行的账户余额和交易明细推送给T集团财务公司，包括账户名称、日初余额、期末余额、交易明细等信息。企业"一点接入"即可实现对境内外成员单位账户的统一管理，更好赋能大型企业开展司库管理，保障信息和资金安全。

为更好满足日益增长的跨境人民币业务需求，助力人民币国际化，未来，浦发银行将携手跨境清算公司进一步升级CISD相关创新业务功能，在企业全球资金汇划、全球资金管理等相关领域积极开展业务创新和推广，真正打通客户全球账户全流程"可视、可控、可管"，通过数字化、场景化手段服务人民币跨境使用，助力中资企业"出海"发展。

浦发银行　徐榕华　黄晓君　甘晓军　颜燕　陈牧之　供稿

跨境人民币
服务区域性外贸及新业态发展

■ 江苏银行

作为总部在南京的江苏省属地方法人银行，江苏银行始终坚持以"融创美好生活"为使命，以"融合创新、务实担当、精益成长"为核心价值观，致力于建设"智慧化、特色化、国际化、综合化"的服务领先银行。截至2022年末，下辖17家分行和苏银金融租赁、苏银理财、苏银凯基消费金融、江苏丹阳苏银村镇银行四家子公司，服务网络辐射长三角、珠三角、环渤海三大经济圈，实现了江苏省内县域全覆盖，资产总额达2.97万亿元。

近年来，江苏银行主动顺应人民币国际化潮流，充分发挥跨境人民币在联通境内外市场、结算流程便利化和规避汇率风险等方面的优势，积极创新跨境人民币服务模式，大力支持以跨境电商为代表的新型国际贸易发展。在主动作为和不懈努力下，江苏银行跨境人民币收付金额屡创历史新高，继2021年全行跨境人民币结算规模首次突破1000亿元后，2022年跨境人民币业务量继续保持快速增长，又突破2000亿元大关。目前，在国际收支口径下，全行跨境人民币收付在本外币占比超过1/3。

一、多措并举推动跨境人民币业务发展

（一）坚持考核激励和资源倾斜促进跨境人民币发展

江苏银行坚持将跨境人民币业务考核纳入业绩考核指标进行管理，对跨

境人民币业务量较上年度下降、市场份额下降、跨境人民币本外币占比下降的分行进行扣分，下降比例过大的进行全行通报。根据业务实际情况，组织开展年度跨境人民币业务专项营销竞赛活动，设立跨境人民币收支业务量指标、跨境人民币收支占本外币国际收支指标、跨境人民币贡献率指标、跨境人民币增长率指标，以及新客户营销拓展等指标。对于竞赛活动中完成较好的分行给予相应专项费用奖励。

（二）依托自律机制推进跨境人民币业务便利化

随着后疫情时代的到来，在跨境本外币管理日趋市场化、规范化、国际化的新形势下，江苏银行充分依托江苏省自律机制，定期开展调研、培训、业务联动，积极为进出口企业争取全省跨境人民币结算优质可信企业资格，在自律机制框架和组织下，研究分析进出口企业人民币国际化推进过程中的新形势和新变化，升级更新跨境人民币业务的展业规则和操作指引，兼顾风险防范与业务发展之间的协调平衡，进而在审核原则和方法上形成行内标准，自律合规意识上凝聚广泛共识，促进跨境人民币业务便利化。

（三）持续推动外贸新业态助力跨境人民币业务发展

近年来，跨境电商等新业态已成为我国外贸增长的重要动力，推动了全球贸易新旧动能转换、促进传统产业转型升级。江苏银行作为国内较早通过合作支付机构开展跨境电商支付业务的银行，2022年累计办理跨境电商结算2184亿元，相较2021年同期大幅增长43.9%。

此外，在人民银行南京分行指导下，江苏银行获准开展跨境电商人民币支付业务，搭建了本外币一体化的跨境电商支付体系，成功为某跨境电商企业落地省内首单跨境电商跨境人民币支付业务，2023年以来为该企业境内500多个供应商超8700万笔境外订单办理跨境人民币支付业务，累计办理出口跨境电商支付量超52亿元。

（四）创新金融科技产品助力跨境人民币高质量发展

"科技赋能、数据赋能"是江苏银行国际业务"十四五"期间战略规划重要内容，目的是充分发挥数字技术在弥合"数字鸿沟"、推进业务应用高效供给能力方面的作用，提升江苏银行金融服务质效，促进跨境人民币业务办理便利化，更好地服务实体经济。一是与江苏国际贸易"单一窗口"持续推进战略合作，搭建进出口企业跨境人民币结算和贸易融资模型，为服务更多进出口企业做好系统支撑。二是开发网银版跨境电商支付业务系统，将订单上传、风险筛查、资金归集与下发、集中申报与还原申报等关键业务环节纳入全线上流程管理，大幅提高跨境电商业务受理的时效性、准确性和合规性。

（五）持续做好数据报送相关工作

2022年5月，江苏银行根据人民银行要求，完成人民币跨境收付信息管理系统（RCPMIS）的升级开发工作，实现各类业务数据的自动采集，确保数据报送的及时性、准确性和完整性。

二、推动多家企业部署CISD，提升跨境支付体验

2021年7月，江苏银行为南京江北自贸片区某新能源科技有限公司成功上线CISD企业版，完成多笔人民币跨境收支业务，实现人民币跨境收付款全流程直通式处理，全面提升企业跨境支付效率，降低汇率风险。

CISD企业版的上线，能够有效帮助人民币跨境支付系统直接参与者和间接参与者之间、直接参与者与企业之间实现高效便捷的本外币跨境收付，在提升跨境支付效率的同时降低手续费。同时解决了外资外贸企业在办理跨境人民币业务时需线下提交《跨境业务人民币结算收/付款说明》的痛点，银行仅需凭借企业通过CISD提交的收付款指令，为企业办理跨境人民币收付款业务，大幅提升了收付款效率。此后，江苏银行又先后为常州、南通等地多家企业部署CISD企业版。

某制造业企业主营业务为空气悬浮鼓风机的技术研发与生产，其产品配件进口原产地及母公司均在韩国，有较大的跨境结算需求，但企业经常反映跨境支付效率低、资金到账慢。江苏银行作为区域性银行，高度重视CISD业务推

广，成立专项服务团队，积极上门营销并引导企业使用人民币并通过CIPS进行清算。与企业原来通过SWIFT渠道清算，向其境外代理行发送付款指令，境外代理行接收指令后需对业务进行多项人工流程处理相比，企业表示使用CISD办理业务后，境外对手方公司通常当天就能收到该企业的汇款，大大提升了账务的清算效率。同时，CIPS不按业务量逐笔收费，部署应用CISD也只有初始安装和系统开发成本，相比SWIFT按报文量收费，企业的业务成本有了明显降低。按该企业空气悬浮鼓风机的进口额计算，原清算渠道每年在收付款及结售汇等环节产生的成本约为2.5万元；使用人民币并通过CISD办理业务的企业综合财务成本可以降至1万元，明显减少了汇兑损益和支付清算方面的费用。

南通某重工企业主要从事定制化LNG（液化天然气平台）产业链浮式基础设施解决方案、海陆模块建造服务及海上风电方案，需要根据不同交易对手部分采用外币结算、部分采用跨境人民币结算，汇款国家和地区涵盖东欧、中国香港等。企业在本外币跨境支付过程中涉及节点众多，人工处理环节较为复杂，客户网银发起后落地银行进行处理，整体效率不高，其中外汇结算还存在汇兑风险。企业经江苏银行推荐后，了解了CISD各项功能，认为符合自身业务需要，第一时间就申请部署CISD，并通过CISD完成了多笔人民币跨境收付业务。企业反映，目前业务体验明显较之前更为便利，全流程直通式处理，大大提升了跨境支付效率，企业内部对使用人民币结算的态度也逐渐从顾虑转为欢迎。

近两年，江苏银行通过推广使用CIPS和CISD产品，为众多企业提供了更高效、更优惠、更便捷的跨境清算服务，在当地建立了良好的口碑，受到广大外贸客户的一致青睐。2022年，江苏银行又作为全国首批试点银行，成功上线了全国首批CIPS账户集中可视功能，为某大型央企实现了集团内成员公司多币种账户信息的集中可视服务，大幅简化了集团境内外日常财务管理。CIPS账户集中可视服务功能的上线，能够有效帮助大型跨国企业集团统筹管理境内外成员公司的资金往来，并解决了银企直连方式需同时对接多家银行的业务痛点，大幅降低了跨国企业集团的财务运维成本，真正实现了"一点接入、多面成像"的强大功能。CIPS账户集中可视服务功能的上线标志着江苏银行人民币跨境支付系统建设工作又取得了新的重大进展。

未来，江苏银行将持续加强CIPS相关支付清算配套场景建设，加快推进支付透镜等功能的开发上线，不断完善对债券通直通处理、快速到账、全额到账、退汇、索费、信用证等增值产品的需求，更好地践行江苏银行金融为民的服务理念。

三、切实服务跨境电商等外贸新业态发展

为贯彻落实《国家外汇管理局关于支持贸易新业态发展的通知》（汇发〔2020〕11号），江苏银行持续发挥在跨境电商领域的先发优势，设计开发跨境电商支付结算系统，为跨境电商企业提供收款、结汇、国际收支申报等全流程线上服务，进一步便利跨境电商企业境内外资金管理，支持跨境电商新业态发展。

S公司是江苏省一家较早开展跨境电商零售出口业务的企业，主要依托亚马逊平台将境内产品出售给境外消费者。经过多年发展，在家具、时尚、户外运动以及3C等品类方面积累了丰富的运营经验与配套资源。该公司跨境电商业务具有小额、高频、电子交易信息量大的特点。此前，通过支付机构办理境外收款时，存在手续费率高、资金到账时间慢和收款渠道不稳定等问题。随着S公司境外业务量的持续增长，迫切需要寻找稳定、高效的跨境电商收款服务渠道，满足快速增长的跨境电商资金清算需求。

江苏银行针对客户需求，设计开发了跨境电商支付结算系统。S公司在江苏银行开户、开通网上银行，并将该账户设置为在亚马逊平台的收款账户后，即可通过企业网银在线提交收结汇指令。收到指令后，江苏银行结合亚马逊平台推送的S公司在该平台售出商品的订单、物流、回款等信息进行审核，并通过行内反洗钱系统等验证企业主体信息，确认无误后为S公司一站式办理资金入账、结汇以及境内人民币资金划转等服务，资金结算通过CIPS办理，并同步完成企业国际收支申报等数据报送工作。此外，对于跨境电商企业收款业务，江苏银行全额减免资金结算环节手续费，结汇环节提供外汇

报价点差优惠，切实为跨境电商企业减费让利。

相比通过支付机构办理收款，江苏银行跨境电商支付结算系统减少了中间环节，资金到账速度更快，并且收款指令的发送及处理在电商企业和江苏银行之间形成信息闭环，业务流程更加安全可靠。S公司采用江苏银行跨境电商支付结算系统后，有效降低了企业资金时间成本，大幅提高资金清算效率，解决了传统跨境电商收款渠道难题。

四、跨境人民币业务展望

未来，江苏银行将主动顺应人民币国际化潮流，充分发挥跨境人民币在联通境内外市场、结算流程便利化和规避汇率风险等方面的优势，积极创新跨境人民币服务模式，大力支持以跨境电商为代表的新型国际贸易发展。

一是深挖企业跨境人民币业务需求，提高跨境人民币使用积极性。江苏银行将充分运用当前人民币在跨境贷款、跨境资金池以及贸易结算便利化等方面的政策优势，积极引导企业按照需求驱动、政策引导、市场运作的基本原则，利用国内、国际两个市场和两种资源，重点推动人民币在周边国家和地区及RCEP区域的跨境场景建设，提升跨境人民币支付结算占比。

二是充分运用好上海自贸区平台，积极参与离岸人民币市场建设。江苏银行将积极利用好上海自贸区离岸金融平台，积极加强产品创新，大力推进人民币自贸债投资、人民币自贸区贷款等产品，不断丰富离岸市场人民币金融产品供给。同时，还要运用好现有"债券通""跨境理财通"等政策，探索扩展现有跨境投资的产品类型，进一步便利境外投资者，助力金融市场对外开放。

三是积极把握跨境人民币新增长点，助力CIPS建设。江苏银行将紧跟国家政策导向，积极加强跨境人民币在新支付场景的产品创新设计，研究解决人民币跨境资金清算难点痛点问题，提升人民币在大宗商品、对外承包工程等重点领域及跨境电商等支付新场景中的应用，推动跨境贸易新业态发展。

江苏银行　王凯宁　王肃钰　杨奇华　顾超　朱世杰　供稿

联通高速网络，支持国计民生

■ 华侨永亨银行（中国）

华侨银行是新加坡历史最悠久的本土银行，1932年由三大华资银行合并而成，其中最早的成立于1912年。以资产规模计，华侨银行目前是东南亚第二大的金融服务集团，也是世界上评级最高的银行之一，主要市场包括新加坡、马来西亚、印度尼西亚和中国，在19个国家和地区拥有超过420个分支行和代表处。华侨银行与中国渊源深厚，自1925年在厦门设立第一家分行起，一直保持在中国内地的持续经营，近百年来从未间断。

华侨永亨银行（中国）有限公司 [以下简称华侨永亨银行（中国）] 是华侨银行的全资附属机构，核心业务包括企业银行业务、金融机构业务、资金业务以及零售银行业务等。华侨永亨银行（中国）充分利用集团在亚洲地区广泛分布的服务网络，同时结合自身在珠三角、京津冀、长江经济带的网点优势及业务特色，为客户提供切合其需求的创新金融服务。

一、响应国家战略，服务高水平对外开放

华侨永亨银行（中国）企业银行部充分利用华侨银行在19个国家和地区

广泛分布的网络，特别是亚洲地区的网点优势，为企业客户，包括中资企业、外资企业和集团客户，提供存贷款、企业融资、现金管理、国际结算、投资理财、跨境贸易人民币结算、供应链融资和企业网上银行等优质金融服务。近年来，面对疫情肆虐对实体经济和跨境贸易构成的巨大挑战，华侨永亨银行（中国）发挥特色优势，以支持实体企业为出发点，以贸易金融为重要着力点，不断探索数字化转型的创新路径，保障企业在经营尤其是跨境业务中享受稳健、便捷的金融服务，践行普惠金融责任，服务社会民生和高水平对外开放的国家战略。

2017年"中国国际贸易单一窗口"（以下简称"单一窗口"）正式上线。华侨永亨银行（中国）在同类机构中较早试水，依托"单一窗口"这个国家基础设施，采用创新模式为贸易企业提供跨境支付等金融服务，提高金融交易环节的便利性，提升国际贸易便利化水平。

华侨永亨银行（中国）为了更好地服务客户、履行社会责任，积极响应中国倡导的贸易全球化战略，前瞻性地预判人民币国际化的大势所趋，努力寻求加入CIPS，以技术力量创造多元价值。2021年底，华侨永亨银行（中国）通过交通银行，借助CIPS推出的CISD作为间接参与行加入了CIPS人民币跨境清算"高速路"。CISD拥有统一、规范的技术标准与服务机制，支持与合作方高效联通；相较于以报文方式的系统对接，CISD降低了前期双方的开发成本，并且提高了技术联通的效率，从而保障包括华侨永亨银行（中国）在内的参与行敏捷加入CIPS清算网络，尽早实现金融服务效能的提升。与此同时，CISD的标准化技术机制还能支持华侨永亨银行（中国）快速拓展合作渠道，实现"一点接通，贯穿全程"的效果，进而保障跨境人民币清算网络渠道通畅，支持业务的连续性和稳定性。

经过一年多的运行实践，基于CIPS高速跨境清算基础设施以及CISD稳定便捷的技术机制，华侨永亨银行（中国）跨境人民币清算支付服务的效率和质量明显提升，更重要的是，为从事跨境贸易的实体企业带来了实实在在的便利与实惠。

二、联通跨境支付高速网络，服务国计民生

通过创新产品CISD接入CIPS清算网络，华侨永亨银行（中国）的跨境人民币支付服务效率和质量得以进一步提升，相关业务量明显增长。接入一年多来，即使面对疫情冲击，华侨永亨银行（中国）通过CIPS完成的业务量总计达到3800多笔，交易金额达1000多亿元人民币。其中，通过CISD办理的有2700多笔，交易金额达800多亿元，占比约80%。

整体来看，通过CISD办理的业务报文直通转换，携带的信息规范完整，更有利于监管申报和行内业务系统处理。具体来看，相比SWIFT清算，CIPS跨境人民币清算网络代理路径短，中间环节更少，从而支付清算的效率明显提升，成本大大降低。未使用CISD时，华侨永亨银行（中国）是发送SWIFT报文至代理行，由代理行转换成CIPS报文对外报送。使用CISD创新模式后，华侨永亨银行（中国）直接通过CISD发送CIPS报文至代理行，节省了报文转换操作环节。此外，CISD创新产品具有报文信息自动校验等数字化服务机制，进一步提高了交易速度和服务质量。

例如，华侨永亨银行（中国）目前服务了一家供应链集团客户，该公司定期会支付贸易货款至境外，金额较大且到账时效要求高。使用SWIFT报文时，客户经常反馈到账时效较慢。经过对客户业务的观察和总结，华侨永亨银行（中国）发现该客户的支付时效一般需要T+1，即当日递交付款指令，多数交易需要下一个工作日方可完成结算。华侨永亨银行（中国）实现CISD创新模式落地后，经过一段时间观察，使用CISD处理支付业务支付时效有明显提升，多数交易基本实现T+0，即客户当日提交支付指令，收款方当日能完成入账。

CISD创新产品的一系列优势不仅为华侨永亨银行（中国）带来业务增长，更让华侨永亨银行（中国）服务的实体企业和贸易主体优化了业务体验、得到了实惠。更低廉的清算费用以及汇兑损失的规避让处于经济筑底过程中的实体企业节约了财务成本；而快捷的跨境支付可以让中国的贸易主体产生更强的产业链管理能力和交易议价能力，在国际贸易中获得先机

与优势。

CISD连接起来的CIPS清算网络让更多的银行与企业加入其中，促进了贸易全球化的发展，也进一步推动了人民币国际化的脚步和进程。华侨永亨银行（中国）依托境外集团的优势和区域布局的禀赋，长期以来担当着中国与东南亚连接的重要纽带。基于CIPS高速清算网络的支持，华侨永亨银行（中国）将为实体企业提供更加优质的贸易金融服务，并且更好地引导客户使用人民币进行跨境清算，借助数字化创新和金融力量为中国—东盟贸易和"一带一路"建设锦上添花，也为人民币国际化贡献力量。

华侨永亨银行（中国） 王科 马文浩 李贺 供稿

完善跨境服务体系，
助力人民币国际化进程

■ 恒丰银行

恒丰银行是总部位于山东济南的全国性股份制商业银行，以"向上、向善、向美"为使命，锚定"建设一流数字化敏捷银行"的愿景，秉承"持恒心、办恒业、共恒丰——自驱、去冗、创新、超越、共赢"的价值观，持续强化金融创新，全面提升金融服务能力，努力为经济社会高质量发展贡献更大力量。

党的二十大报告提出"有序推进人民币国际化"这一任务，人民币国际化对于服务实体经济，促进贸易投融资便利化具有积极意义。恒丰银行秉承合规稳健经营理念，响应"稳外贸、稳外资"工作指示，坚持"本币优先、服务实体经济需要"原则，在贸易结算、投融资等领域积极推动人民币跨境使用。

一、多措并举，促进跨境人民币结算扩面增量

自2010年正式开办跨境人民币业务以来，恒丰银行认真落实人民银行跨境人民币工作要求，积极配合金融政策改革，稳步推进跨境人民币业务发展。经过十余年的努力，恒丰银行跨境人民币业务取得了丰硕成果，业务种类和辐射范围不断扩大，全口径跨境人民币业务总量逐年攀升，近两年更是

实现了快速发展，2023年上半年，收付结算量同比增长109%，人民币结算占本外币结算的比重达到21%。

提升跨境人民币结算便利化。恒丰银行积极推动跨境人民币便利化政策落地，构建便利化政策落地推动和成效反馈机制。将便利化政策的落地执行纳入对各分支机构的季度考核，推动经常项目外汇收支便利化、资本项目人民币支付便利化等政策的落地执行，将更多符合条件的企业纳入便利化优质企业名单，驶入贸易结算的"快车道"。深耕重点场景，发挥特色优势，创新服务模式，大力拓展跨境人民币"首办户"，推动更多企业享受到人民币国际化的政策红利。同时，恒丰银行支持使用电子化单证审核业务真实性，将数字化金融服务融入跨境业务场景，推出线上化跨境汇款系列产品，通过电子单证影像传输，实现境内外、本外币汇款全流程线上化处理，大幅缩短业务办理时间，助力进出口企业提升跨境资金收付效率。

推动跨境人民币投融资业务取得突破。恒丰银行发挥人民币融资货币功能，结合企业低成本、高效率融资需求以及电力板块业务特点，为某电力企业量身定制特色金融服务方案，成功发行了能源行业乡村振兴"熊猫债"；跨境贷款新规发布后，恒丰银行成功为某境外企业发放人民币境外贷款8亿元，为客户拓宽融资渠道、降低融资成本、规避汇率风险，全力支持企业在"一带一路"沿线国家和地区项目建设；发挥自由贸易账户自由兑换功能，通过担保增信等方式，为"走出去"的企业提供融资服务，2022年，恒丰银行通过自贸区账户为某非居民企业发放多笔人民币融资业务，推动了离岸经贸业务发展。

持续开展跨境人民币政策宣传，营造人民币使用氛围。构建"面对面""一对一"的政策传导沟通机制，推动政策宣传规范化、常态化发展，不断丰富宣传形式，总结活动成效。分支机构印发了《跨境人民币宣传手册》，将跨境人民币结算的概念、优势及各种业务产品的办理流程进行了详细列示。通过营业区域摆放展板、发放手册、LED显示屏滚动播放等方式，普及跨境人民币知识，形成了全员参与跨境人民币宣传的良性氛围。设立跨境人民币业务指导员，成立服务小分队，将跨境人民币宣传活动与业务营销有机结合。对于重点跨境人民币结算客户，每年至少确保上门一次，了解企业关心的跨境人民币问题，给予相应建议。

二、创新使用CISD，提高支付效率

恒丰银行致力于为企业提供安全、高效、便捷的跨境支付体验，通过产品集成、流程集成、外联集成搭建了先进的跨境支付体系。建立统一的支付报文服务平台，对外与外部支付系统网络连接，对内将业务报文转换清分，对接不同产品组件；建立统一的支付指令，针对不同外联渠道，如CIPS、境内外币支付系统、SWIFT等各类系统不同报文格式，将外联报文统一转换为内部支付指令；建立统一的支付路径选择，对汇出汇款支付路径的选择由汇路选择模块统一完成，根据相应的规则和策略实现自动路由。

恒丰银行于2016年10月申请成为CIPS间接参与者。截至2023年6月底，已与两家直接参与者签订代理清算协议，满足客户多种清算路径选择。为充分发挥科技引领，做好跨境业务数字转型升级，2022年8月10日，恒丰银行顺利投产上线CISD，通过与行内业务系统API直连，实现业务的一体化处理。上线以来，恒丰银行通过CISD办理的支付业务超过470笔，金额140多亿元。

一是支付效率大幅度提升。原来，恒丰银行通过SWIFT系统与CIPS直参进行报文交互，直参行接收指令后需转换成CIPS报文格式。因MT报文与CIPS报文标准不一致，存在转换差错率高、业务直通率低等问题。使用CISD后，通过统一的CIPS标准，实现直通零转换，有效提升了汇款效率，短则几分钟即可完成一笔跨境人民币汇款。某客户为苏州当地一家知名外商投资企业，在苏州进出口量位列前100名，其母公司位于中国台湾地区，集团内部对跨境资金支付时效一直有着严格要求。该企业自境外借入人民币外债后，根据协议要求需每季度按时足额归还利息，到期归还本金。为确保还款资金按时到达境外贷款银行，避免产生罚息，影响企业信用，以往企业需提前2~3天办理还款相关汇款手续，一方面提前还款占用了客户资金，另一方面还无法

预估资金清算在途时间，同时还存在中间清算行扣费的可能性。CISD上线使用后，基于统一的报文标准，企业只需在还本付息到期日当天进行汇款，资金几乎实时到账，有效提高了企业资金使用效率，降低了财务成本，方便灵活进行资金安排，得到了企业的好评和认可。

二是打造以CIPS为核心的跨境支付生态圈。随着全球化深入开展，跨境支付需求不断增加，跨境支付模式加速创新，多元化的跨境支付体系正在不断形成。CIPS支付类报文采用ISO 20022标准，在国际标准应用方面走在了行业前列。CISD致力于打造"一个标准，直通全程"的支付体验，有效拓宽了跨境支付渠道。山东是中韩经济合作中重要的"桥头堡"，2021—2022年山东与韩国贸易额占中韩贸易总额近十分之一，人民币结算在韩国接受程度较高，企业可较为顺畅地在韩国当地办理人民币汇兑。山东某企业与韩国大型进口商建立业务关系初期，通过银企共同努力，达成人民币计价合同。该企业通过CISD，并最终经由CIPS完成人民币收款，切身感受到跨境人民币支付的安全、便利，以及降低汇率风险和汇兑成本等好处。此后，该企业参照与韩国进口商人民币结算的经验，逐一梳理境外交易对手方名单，通过反复沟通和尝试，陆续与欧洲等世界多地客户达成了人民币交易合同，跨境收款渠道不断丰富。

三是集约化运营，降低间参行运营成本。以往，恒丰银行对接多家直参行时，面临着支付要求不统一、系统接口不统一、系统反复联调测试等痛点，CISD承担着企业版"支付宝"的角色，对间参用户只需部署一套CISD，即可以连接多家账户行，基于统一接口、统一标准实现跨境人民币业务一体化处理，降低开发及管理成本。

三、强化合规经营，保障业务发展

恒丰银行秉承合规经营理念，跨境人民币业务制度体系日趋完善。2022年，针对人民银行出台的支持新型离岸国际贸易发展、银行业金融机构境外贷款业务的政策，恒丰银行及时完成了外规内化工作，确保业务开展有章可循。例如，建立了人民币跨境业务监测分析机制，督导分支行合规展业，按季实施分支机构跨境人民币合规考核管理，促进分支机构合规展业。又如，按季开展跨境人民币展业规范培训和政策宣贯，对于重点业务形成以典型案例为中心的示范性培训形式，定期总结推广同业和行内优秀业务案例，指导分支行更加有效地推进人民币国际化业务开展。2022年全年，累计开展15次30余项业务培训，涵盖政策解析、合规展业、系统操作、制度宣贯等内容，覆盖全行跨境业务从业人员，逢训必考，强化对分行的指导培训。

为了推进报送系统自动化建设，提升数据报送质量，按照人民银行统一部署，恒丰银行投产了新一代人民币跨境收付信息报送系统RCPMIS2.0，从采集检核到报送反馈的整个流程，实现数据直通式报送，降低业务人员手工报送比例，增加智能化分析能力，提升全行监管自主用数能力。

下一步，恒丰银行将坚持稳中求进、守正创新，紧跟人民币国际化步伐，加快推动业务创新及数字化经营，借助"一带一路"建设、RCEP生效、外贸新业态等机遇，服务企业拓市场、抢订单。同时，将持续研究上线CISD更多功能，提升跨境人民币支付效率，降低企业支付成本，更好地服务企业用好人民币资金，推动实体经济发展。

恒丰银行　沈正华　李畅　郑静　供稿

跨境新机遇
——人民币国际化

■ 宁波银行

随着我国对外贸易高质量发展和金融市场高水平开放，人民币跨境支付迎来新一轮发展机遇。宁波银行高度重视国家对金融市场双向开放和人民币国际化的战略部署，积极响应高质量共建"一带一路"，依托宁波银行客户基础及金融科技等优势，积极参与跨境人民币业务创新与应用，持续提升金融服务质效，切实服务实体经济，大力推动跨境人民币业务稳健发展。

一、跨境人民币业务稳步增长

宁波银行国际业务起步于2001年，以"了解的市场，熟悉的客户"为准入原则，坚持"门当户对"的经营策略，为客户提供多元化金融服务。截至2022年末，客户数突破4.85万户、结算量突破2453亿美元，区域市场占有率和影响力持续提升。2009年11月，宁波银行启动跨境贸易人民币结算业务；2015年，宁波银行自贸区系统通过人民银行验收，正式在自贸区开展本外币存贷款、金融衍生品等业务；2017年7月，获批债券通报价机构资格，推出债券通交易；2022年全年，自贸区CNH远掉期交易量近850亿元、期权交易量近50亿元、债券通交易量130多亿元。经过10多年的发展，宁波银行跨境人民币业务管理架构、内控制度、业务产品、操作流程等不断发展和优化，整体业务规模快速增长。

2022年，宁波银行跨境人民币结算占比持续提升，全年跨境人民币实际收付总量1392.35亿元，同比上升26.58%，占全行国际结算量的8.38%。其中，全行跨境人民币收款61281笔，金额1044.21亿元，同比增长15.65%；付款12778笔，金额348.14亿元，同比增长76.65%。客户跨境人民币业务的交易对手主要分布在东南亚、日本、中国香港等人民币结算活跃国家和地区。

二、业务创新、科技赋能，为跨境人民币"保驾护航"

（一）运用金融科技优化系统功能，提升业务办理效率

为满足跨境贸易人民币业务客户结算、融资及增值需求，促进人民币在跨境交易中的使用，宁波银行建立起了一套涵盖汇兑、单证及贸易融资三大类业务的跨境人民币基础产品体系，并推出极速系列产品。尤其是在新冠病毒感染发生后，宁波银行加快金融科技创新支持，零接触助力企业复工复产，通过外汇金管家专业App和网上银行，为进出口企业提供全自助、全线上、全功能、全时段的贸易结算与外汇交易，实现零接触办理业务。

宁波银行充分发挥金融科技优势，围绕跨境人民币客户激活、业务申请、银行端处理和业务查询等多个环节，研究进一步降低企业"脚底成本"，提高管理效率的方式方法。2022年，宁波银行首创线上激活服务，以人民币结算的进出口企业可通过网银申请RCPMIS激活，在线上传相关资料，无须再通过网点柜台线下层层传递，缩短时效至少1~2天，跨境人民币业务激活效率大幅提升；同时宁波银行也在准备提供跨境人民币贸易便利化直通服务，对于符合条件的企业，可以使用网银在线提交业务并自动生成电子版《跨境业务人民币结算收/付款说明》，实现符合条件的业务"零等待"，系统直通处理，提高企业收付效率，优化用户体验。

（二）积极开展减费让利，调动企业使用人民币结算的积极性

宁波银行高度重视跨境人民币业务"首办户"工作，总行层面成立了专项推进小组，在行内组织召开了跨境人民币"首办户"专项布置会议，要求各机构积极梳理目标客户名单、明确阶段性推进目标，从团队、系统、费

率等方面作出全面资源配置,服务跨境人民币"首办户"。针对宁波银行跨境人民币"首办户"推出专项减费让利活动,首次办理跨境人民币结算业务即可参与宁波银行外汇金管家"欢乐下午茶"抽奖,给企业发放手续费优惠券、汇率避险折扣券、融资优惠券。此外,针对单周跨境人民币结算量达699万元、999万元、1999万元的客户,推出"人民币交易叠叠乐"活动,每周五下午参与抽奖活动,充分调动企业使用人民币结算的积极性。

(三)积极举办跨境人民币政策宣讲会和专题培训,倡导"本币优先"

宁波银行通过宣讲会、直播、短视频等形式,多渠道向企业介绍和推介跨境人民币业务优势,帮助企业解决实务难点。当前,在汇率双向波动行情大背景下,宁波银行大力宣导企业树立风险中性理念,并结合案例向企业介绍跨境人民币基本政策,突出跨境人民币结算在规避企业汇率风险、减少跨境收汇政治风险和跨国公司财务集中管理需求中的明显优势,鼓励并倡导企业优先选择人民币作为计价、结算、投资、融资的主要货币,以更好地管理汇率波动、货币错配等经营风险。2022年宁波银行通过"外汇金管家"视频号发布《跨境人民币收款高频问题答疑》短视频,结合企业实务中常见问题作专项介绍,视频推出当天即获得广泛关注,浏览量超5000人次。宁波银行总分支联动陪伴企业一起成长,并持续通过短视频百问百答、公众号服务、直播、企业App"欢乐下午茶""交易叠叠乐"等各类活动为企业解难题、谋福利。

三、部署使用CISD,提升用户体验

2021年,跨境清算公司推出CISD终端后,宁波银行积极参与了该产品的应用和推广。CISD是CIPS直接参与者与间接参与者、企业之间的业务处理组件,是为解决跨境业务场景量身定做的业务处理与信息交互工具,物理上延伸了CIPS网络覆盖范围,功能上服务企业融入全球资金通汇主渠道,实现了跨境人民币支付清算一体化处理。宁波银行应用CISD,解决涉外企业跨境汇款面临的交易路径长、结算周期长、资金使用效率低等痛点,打通了人民币跨境支付"最后一公里"。

（一）帮助企业规避汇率波动、货币错配等经营风险

某公司主营纺织化纤所需原料、辅料、设备及备品配件等销售，交易对手主要分布在中国香港、日本、蒙古国等地区，通常自境外进口原材料加工后，再面向境内外企业销售，年销售额超10亿元，企业跨境结算涵盖信用证、托收、TT等多种结算方式，计价结算货币以美元为主，少量以人民币计价。

了解到企业对于汇率波动非常敏感，宁波银行抓住契机，在上线CISD后，第一时间向企业介绍全新的跨境人民币结算模式，通过CISD可减少跨境人民币支付渠道转换和人工处理环节，实现跨境人民币业务全流程直通式处理，并再次向企业宣导"本币结算"对规避汇率风险的天然保障。企业随即联系境外交易对手，商议下一笔订单通过人民币来结算，最终成功通过CISD办理跨境人民币汇款103.85万元。通过CISD使用本币结算后，资金全链路经CIPS流转，无需其他渠道转换，安全可靠且效率更高，从发起付款指令到交易对手入账用时不超过24小时。企业反馈，以往外币结算时，普遍需要2~3天资金才能到达境外对手方账户，因此为确保在付款期限前顺利付款，往往需要提前3天发起付款指令。通过宁波银行CISD办理业务后，企业无须再提前多天发起指令，不仅节省了时间、降低了资金占用成本，而且以人民币结算还可以有效地规避企业汇率波动、货币错配等经营风险。2022年，宁波银行为该企业办理的人民币结算规模较2021年实现了翻番。

（二）提升便利化水平，实现业务引流

某供应链管理公司，主营铁路国际货运代理业务，目的地以东欧、中亚等地区为主，国内线路已覆盖宁波、上海、大连、广州、苏州、义乌等多个港口，企业年服贸收支规模超4000万美元。

由于企业主营业务范围为国际货运代理，下游企业主要为境内二、三级货代公司，日常结算以人民币为主，上游交易对手也主要在东欧、中亚等人民币结算活跃地区，交易往来频繁。宁波银行抓住业务机会上门营销跨境人民币结算，为客户介绍CISD办理业务的时效性，介绍"本币"结算规避汇率风险、减少汇兑损益的优势，宣传宁波银行"外汇金管家"特色服务以及跨

境人民币结算便利化措施，最终企业选择与其境外交易对手签订以人民币计价的服务合同，委托对方办理境外段的国际货物运输事宜。通过跨境人民币便利化服务，企业无须逐笔向银行提交合同、发票等交易背景真实性材料，《跨境业务人民币结算付款说明》也可以以线上电子指令代替，大大简化了企业办理跨境人民币业务的流程。此外，由于CISD业务直通处理、人工落地处理环节少，整体业务办理时间节省三分之二，该企业最快5分钟即可完成跨境汇款。作为当地服务贸易十强企业，目前通过宁波银行办理的跨境人民币收付规模持续增长，并推荐了多家优质外经贸企业在宁波银行开户，带动当地货运供应链中上下游企业在贸易中使用人民币并通过CISD办理结算，使人民币跨境使用更加高效、便捷。

（三）启动"账户集中可视"建设，创新业务再出发

2022年，宁波银行第一时间部署CISD软硬件一体化设备，实现查询查复、支付透镜、账户集中可视等增值功能全面升级。为帮助大型集团公司实时掌控庞杂的多银行多账户信息，解决资金管理痛点，宁波银行已启动"账户集中可视"建设，该服务是依托CIPS网络实现的一项创新功能，以CISD为服务工具和载体、ISO 20022为信息交互标准、CIPS为信息交互中枢，实现企业通过一个系统、一套标准对子公司银行账户的全部可视及统一管理。通过"账户集中可视"服务，宁波银行可拓展更多大型央企国企和跨国企业客户，帮助此类企业清晰、及时查询下属成员单位的全量账务信息，实现集团层面的资金有效调度、风险合理管控及资源配置优化。

下一阶段，宁波银行将联合市场主体，借助CIPS及CISD等终端产品，创新应用债券通、支付透镜、账户集中可视、全额汇划等增值服务，积极探索客户诉求和市场热点，开拓创新，持续提升跨境人民币业务处理效率和质量，为使用人民币的企业提供更安全、更高效、更优质的跨境金融服务。

宁波银行　吴晓波　童创贵　刘俊莉　供稿

新模式、新体验，稠州银行跨境人民币业务深耕"一带一路"，助力涉外经济高质量发展

■ 浙江稠州商业银行

义乌是全球最大的小商品市场，有着"买全球，卖全球"的美誉，210万种来自世界各地的商品汇聚于此，又销往全球230多个国家和地区。作为义乌当地法人银行，浙江稠州商业银行（以下简称稠州银行）主动响应人民币国际化和国内国际双循环战略，提升本币在对外贸易计价结算中的使用，积极发挥体制机制灵活的优势，从当地市场需求出发，以CISD为抓手，全力打造跨境人民币金融服务特色业务，推动人民币国际使用。

一、强化跨境金融服务保障，助力地方经济高质量发展

为贯彻落实国务院关于推进更高水平对外开放、稳住外贸外资基本盘的有关精神，进一步发挥跨境人民币服务实体经济、促进贸易投资便利化、有效规避汇率风险的作用，近年来，稠州银行积极开展以"优服务、解难题、促发展"为主题的跨境人民币推广活动，聚焦同业合作，深耕多类场景，全力拓宽人民币跨境使用范围，取得较好成效。2022年，稠州银行累计办理跨境人民币结算921.07亿元，其中与"一带一路"共建国家开展跨境人民币业务合计40.59亿元。

在支持外贸企业"走出去"的过程中，稠州银行通过不断拓展境外代理

行网络、深入挖掘优质代理行资源，为客户打通金融服务桥梁。针对义乌出口目标市场主要集中于"一带一路"共建国家的特点，稠州银行进一步主动布局，加强中东欧、独联体、东南亚、中亚、非洲等重点地区的代理行建设，提升网络密度，减少代理行网络覆盖空白。同时，为提升境外人民币可得性，便利跨境贸易投融资资金融通，稠州银行积极推广人民币购售业务。截至2022年末，在稠州银行开立人民币账户的银行共105家，其中"一带一路"共建国家银行占比90%以上，办理人民币购售15.42亿元。

此外，为适应客户需求，更好服务中小企业，稠州银行针对义乌地区市场采购贸易发展迅速的特点，加强个人跨境人民币结算业务研究，在业务模式、适用场景、真实性审核方面积极探索。目前，稠州银行已打通市场采购模式跨境人民币收款，总体呈增长趋势。2022年，稠州银行合计办理市场采购项下跨境人民币结算约34.45亿元。

二、积极部署使用CISD，提升跨境支付效率

CIPS的建成为跨境人民币业务快速发展提供了基础性支撑和保障。2019年11月，稠州银行以CIPS间参身份正式接入CIPS，并于同月完成首笔交易。2021年10月，在跨境清算公司的指导和直参行的配合下，稠州银行成功上线CISD，在提升跨境人民币业务处理效率、融入跨境人民币清算体系进程中迈出了坚实一步。CISD具有国际化、标准化、集约化、使用灵活等优点，部署应用CISD能够帮助银行和企业打通跨境人民币清算"最后一公里"，有助于提升企业跨境支付效率、降低手续费，实现降本增效。

上线CISD后，稠州银行一方面积极向客户进行推介营销，另一方面发挥行内金融科技优势，在较短时间内将与直参行的清算渠道切换至CISD。由于使用CISD后提升了业务便捷性和效率，2022年稠州银行跨境人民币业务规模迅速增长，全年跨境人民币业务交易笔数4万多笔，金额近千亿元，同比增长均在30%以上。凭借在人民币跨境清算领域的深耕细作和业务快速发展，稠州银行荣获跨境清算公司"人民币跨境支付清算业务领先参与者"。

三、通过CISD服务中非跨境人民币结算的典型案例

稠州银行展业区域内汇集了大量中小微涉外贸易客户，从事出口外贸为主，交易对手方集中在"一带一路"共建国家，其中非洲区域占比较大。据数据统计，目前常驻义乌的非洲客商近2000人，2022年义乌市对非洲进出口总额约840亿元，同比增长10.2%，非洲大陆超过欧美、中东、南美等地区，成为义乌市第一大贸易合作伙伴。但由于非洲金融基建匮乏、金融体系复杂，50多个非洲国家有40多种流通货币，各国间贸易结算通常需要使用美元、欧元等第三方货币，不仅存在换汇难、外汇资源短缺等问题，还因需要境外代理银行参与，导致跨境支付成本高、效率低。

在"一带一路"倡议推动下，中非经贸合作日益密切，贸易规模稳步提升，非洲官方和民间对人民币需求与日俱增。为助力中非发展，进一步发挥商业银行服务实体经济、促进贸易投资便利化作用，2022年以来，稠州银行一方面依托CISD优化中非跨境人民币清算渠道，另一方面持续搭建与境外金融机构的协同联动机制，打通跨境结算壁垒，为对非企业和个人提供更加便捷、高效的人民币结算和服务。2022年全年，稠州银行非洲跨境人民币结算5618万元，为降低中资企业的换汇成本及汇兑风险，促进中非贸易发展贡献了金融力量。

（一）以人民币购售业务为安哥拉某银行办理汇款

安哥拉某银行于2022年7月与稠州银行建立代理行关系，该银行的客户与我国深圳和宁波两地的多家光纤连接器生产企业有贸易往来，人民币结算需求较为强烈，但因安哥拉当地人民币外汇储备有限，在本国购买人民币头寸较为困难，稠州银行以人民币购售方式满足对方需求。自建立代理行关系以来，该安哥拉银行通过外汇向稠州银行购买人民币共计434万元。人民币购售完成后，稠州银行帮助该安哥拉银行为其客户向境内对手企业支付货款，通过CISD与直参行连接，并最终由CIPS将货款快速汇至境内企业开户银行。

在CISD助力下，货款从该安哥拉银行汇出后，境内企业开户银行当天就成功入账，有效保障了汇款效率。与此同时，人民币购售业务也帮助中国出口企业在人民币头寸紧缺的国家和地区继续使用人民币计价结算，为"同业流出+经常回流"的人民币跨境结算双循环路径作出了积极探索。

（二）为在非务工人员办理汇款

长期以来，在非务工人员从非洲当地汇款回国面临成本高、时间长等问题，有时还只能通过一些中介机构汇款，存在一定资金风险。为解决当地务工华人的跨境汇款痛点问题，稠州银行代理安哥拉当地银行业务，并通过CISD建立了中非高效便捷的跨境人民币清算渠道，让务工人员汇款回国变得"既安心又省钱"。华人可以在安哥拉当地银行存入当地币种，并选择以人民币方式在境内收到款项。陈女士家属一直在非洲工作，希望将工资从非洲汇回国内，但又对从中介机构渠道汇款有所顾虑。稠州银行通过CISD办理了中非银行同业间跨境人民币清算，将人民币直接汇到陈女士开在境内某银行的账户。陈女士表示，这是自己第一次收到从非洲汇款回来的人民币，对银行渠道办理资金收付感到很放心，这次收款到账快、中间行汇款手续费低，解决了家属在非务工的后顾之忧。

近年来，随着人民币国际化进程的加快，市场主体对金融机构的跨境人民币清算能力提出了更高要求。未来，稠州银行将充分发挥在跨境人民币结算方面的先发优势，积极向企业客户推广CISD企业版，助力企业更好使用人民币进行贸易计价结算。同时，稠州银行还将继续探索跨境人民币应用场景，与非洲等重点区域银行合作，借助CISD高效、便捷的信息传输渠道为当地同业提供人民币清算服务，为人民币在"一带一路"使用做好基础支撑。

浙江稠州商业银行　金子军　供稿

抢抓自贸港发展机遇，助力人民币国际化进程

■ 海南银行

2018年4月，海南正式进入自贸时代，开启了全面深化改革开放、打造高水平对外开放的新征程，跨境人民币业务也随之快速增长。2022年，海南省内银行机构办理过跨境人民币业务的企业（非银行机构）达2883家，人民币跨境收付额1455.97亿元，同比增长161%；对东盟、"一带一路"和RCEP成员国跨境人民币收付额同比分别增长811%、774%和859%。

作为海南的省级法人商业银行，海南银行以"根植海南、辐射全国、接轨国际，建成一流的特色精品银行"为发展愿景，把服务海南自由贸易港建设和地方实体经济发展作为根本出发点，积极服务国家战略，融入新发展格局，以国际化视野打通境内外两个市场，在系统、渠道、产品和服务等方面不断开拓创新，探索开展更多贸易新业态项下的跨境人民币收付服务，进一步提高跨境人民币结算占比，推动人民币资金跨境双向流动。自2020年正式开办跨境人民币结算业务以来，截至2023年6月底海南银行已为海南当地400多家客户提供国际结算和贸易融资服务，累计跨境人民币业务结算量约75亿元，2022年跨境结算规模同比增长64%。

一、主动作为，服务国家区域发展战略

海南银行以《海南自由贸易港建设总体方案》和《关于金融支持海南全面深化改革开放的意见》为指导，加强金融产品和服务创新、提升金融服务水平。2021年8月，制定发布了《海南银行支持自贸港跨境贸易金融服务措施二十一条》，主动融入自贸港建设大局，支持海南自贸港跨境贸易快速发展，从合规开展新型离岸国际贸易、组合贸易融资、减费让利等方面入手，加大企业授信支持力度，简化业务流程，降低融资成本，为自贸港内企业开展跨境贸易人民币结算业务提供了实实在在的便利。

海南银行坚持"本币优先"理念，有效依托总行授信决策快、政策落实效率高、与地方经济社会发展紧密等优势，抓住海南省建设自由贸易港和国际旅游消费中心的重大历史机遇，紧密对接自贸港创新金融服务需求，积极向海南外贸企业宣传使用跨境人民币支付结算的各项优势。一是免去结售汇手续和兑换成本，降低财务费用。二是规避汇率风险，降低利率风险，锁定出口收入或进口成本，固化经营收支，便于编制财务预算。三是贸易结算币种和境内生产购销币种一致，有助于提高资金使用效率和管理能力。通过多种途径积极强化政策宣传，进一步引导企业在跨境贸易投资中使用人民币。

二、探索业务创新，用好用活跨境人民币政策

为推动各项跨境人民币政策落地实施，有效帮助企业"避风险、降成本"，海南银行积极用好、用活"境内境外两个市场、两种资源"，推动金融产品创新。同时，鼓励企业充分利用全口径融资、跨境双向人民币资金池等政策，拓宽企业融资渠道，降低融资成本，让企业实实在在享受跨境人民币结算的便利和优势。

2021年11月，海南银行积极发挥境外低成本资金优势，为某林场公司的上游企业办理境内贸易融资资产跨境转让业务，成功向交通银行澳门分行转

让了一笔2000万元人民币的贸易融资资产，实现了人民币跨境双向流动，有效降低了企业融资成本。该笔境内贸易融资资产跨境转让业务落地，标志着海南银行在服务跨境贸易投融资自由化便利化道路上迈出了坚实的一步，也是海南银行积极落实海南省政府《关于贯彻落实金融支持海南全面深化改革开放意见的实施方案》的重要举措。该林场公司相关负责人反馈，在海南银行专业高效的服务下，通过境内贸易融资资产跨境转让政策顺利完成了融资，享受到了政策红利，对未来海南银行提供更便利的存兑汇融等综合金融服务充满期待。

2022年以来，受美元多次加息影响，境内外美元等外币融资成本不断上涨，海南银行发挥跨境人民币结算优势，利用人民币跨境融资产品，帮助企业获得低成本融资，解决运营资金短缺困难。某药品公司因美元融资利率上升、汇率风险加大，导致公司无法继续美元融资，但短期又急需一笔资金向供应商支付货款。海南银行了解到企业需求后，快速通过人民币境外代付产品为企业累计办理近亿元贷款。该药品公司负责人反馈，使用人民币融资，不用担心汇率风险，相比境内流贷可以节省数十万元融资成本。

三、使用CIPS终端产品，服务企业降本增效

为适应跨境人民币业务发展需要，拓宽跨境人民币清算渠道，跨境清算公司推出CISD。CISD建立了CIPS直接参与者、间接参与者之间的标准传输通道，有效保障了跨境金融报文传输的独立性、完整性和安全性。为顺利接入CISD，海南银行完善了国际结算系统CIPS接口，新增13种CIPS报文，可以支持客户汇款、金融机构汇款和头寸调拨等业务。接入CISD进一步拓宽了海南银行跨境人民币清算渠道，也为客户提供了更加快捷、透明、安全的跨境人民币支付服务。2020年10月，海南银行作为全国首批CISD用户，通过交通银行完成接入，并为海南金红叶公司办理了首笔CISD渠道的跨境人民币汇款业务。截至2022年底，海南银行通过CISD渠道累计完成跨境人民币汇款金额超25亿元。

（一）助力海南离岛免税业务资金清算提速增效

离岛免税政策是海南自由贸易港建设的重要内容，海南实行这项政策已有11年。随着离岛免税政策不断优化升级，离岛免税业务量呈逐年增长趋势，2022年海南12家离岛免税店总销售额达349亿元，逐渐成为海南自贸港的"金字招牌"。海南省某经营离岛免税品销售的贸易公司，其海南及境外业务有着清晰的布局和规划，业务快速增长使得企业对高效便捷的跨境结算有着强烈需求。由于CISD可实现跨境支付一体化处理，有利于帮助企业实现高效便捷的跨境收付体验，提升人民币跨境支付效率，海南银行利用CISD为该贸易公司量身定制了人民币跨境支付的解决方案。该贸易公司原有清算渠道为海南银行通过SWIFT系统向代理行发送付款指令，代理行接收指令后需对该笔交易进行尽调，平均汇款周期在3~5天。使用人民币并通过CISD办理业务后，一方面标准得到统一，大幅减少了人工处理环节；另一方面借助CIPS数据服务App，银行可以从复杂多样的汇路中选择一条最优路径，有效节省汇款中间环节，平均汇款时间可缩短至1天，有时甚至短短十几分钟内即可到账，使得跨境人民币业务清算更加高效、便捷、安全，提升了跨境人民币金融服务质量。此外，CISD界面简洁，使用简便，系统业务操作界面设计科学，各类操作模块入口清晰，还提供了各类节约操作时间的辅助功能，如可以针对不同交易对手维护常用付款模板，使用时调取模板可节约信息填写时间，十分方便。截至2023年6月底，海南银行已通过CISD为该企业办理业务8亿多元。

（二）提升企业人民币使用意愿，助力节省财务成本

某贸易公司于2022年在海口市注册成立，主营业务为大宗商品采销。受海南自贸港新型离岸贸易方面的优惠政策吸引，该公司逐步将大宗商品的跨境采销业务转移到海南。该公司先前跨境结算以美元为主，受地缘冲突、美元加息等因素影响，汇率大幅波动，该公司的财务成本及稳定经营均受到一定影响。在充分了解该公司业务模式和需求后，海南银行积极引导该公司及其上下游企业使用人民币跨境结算，由于CISD不会再对每笔业务逐笔收费，

使用人民币跨境收付既可以规避汇兑成本，又减少银行手续费。企业表示，原先跨境支付成本主要为银行手续费、中间行扣费和相关汇兑成本等，使用人民币并通过CISD结算后，不仅跨境付款效率更高，而且无须再担心美元加息带来的高额汇兑成本，也大大减少了企业综合财务成本。截至2023年6月底，海南银行已通过CISD为该企业办理业务金额超14亿元。

（三）助力企业实时全程掌握跨境支付状态

2022年8月，海南银行基于CISD上线了CIPS支付透镜服务。支付透镜是通过融合大数据、人工智能等金融科技，为用户提供即时、完整、覆盖全链路、一站式支付状态穿透式展示服务，可满足企业、银行等跨境支付主体对跨境支付状态全天候查询需要。

某贸易公司对款项收付节点要求较高，多次提出希望实时掌握跨境人民币收付进展与到账时间，以便加强资金管理，最大限度保证资金使用效率。了解到企业相关需求后，海南银行利用支付透镜服务提升其人民币跨境收付的透明度与操作效率。以该企业2023年3月发起的一笔付款业务为例，在当天上午10点，企业通过海南银行发起支付，金额约3000万元；10点20分，该笔款项从转汇银行交通银行发送至位于香港的转汇银行；12点30分，位于香港的收款行确认已入客户账。通过支付透镜服务，这些资金处理过程一目了然，减少了因信息不透明造成的业务摩擦。

下一步，海南银行将持续做好跨境人民币政策宣传和业务推进，充分发挥金融科技引领作用，推动更多市场主体参与CISD应用，便利客户办理跨境资金结算，提供更加优质的国际金融服务，促进贸易投资便利化，牢牢把握"国内国际双循环"的新发展格局，为加快人民币国际化贡献力量。

海南银行　吴庆华　孙玉莲　供稿

聚焦服务小微跨境场景，
提升跨境人民币金融服务质量

■ 赣州银行

近年来，赣州银行通过科技赋能、流程再造、产品创新等方式，做好企业"一大一小"文章，建设小微"高速公路"、打造产业"服务专区"，逐步成为赣州市企业身边的专业银行。

赣州银行深知发展跨境人民币业务，推动人民币国际化有着极其重要的战略定位，在2012年获批开展跨境人民币业务后，始终坚持跨境人民币业务发展和外汇业务发展并重，主动拥抱跨境人民币业务支付结算方式变化，积极探索中小城商行发展跨境人民币业务道路，并将其纳入全行的发展规划。赣州银行从研究落实国家政策、完善清算渠道、服务小微市场客户三个方面入手，并充分抓住赣州市打造"一带一路"重要节点城市发展机遇，制定了一系列跨境人民币业务发展措施，下沉跨境人民币业务服务重心，精准挖掘外汇小微客户潜在需求，提供高质量跨境人民币金融服务。

一、顺势而为，积极服务重点区域重点企业

赣州市正在积极贯彻国家"一带一路"倡议，努力建设江西内陆开放型经济试验区，着力打造"跨境电商＋中欧班列"融合发展新路径，对外经贸合作迈上新台阶，2022年全市进出口总值达1033亿元，首次突破千亿元大关，

同比增长39.9%。作为赣州市地方法人商业银行，赣州银行有效依托中欧班列线路全、辐射广、效率高的优势，抓住赣州跨境电商综合试验区和国家物流枢纽的重大历史机遇，通过线上线下相结合的方式，积极向赣州外贸企业宣传使用跨境人民币支付结算的必要性、优势等，增加业务曝光频率，强化企业尤其是小微企业认知，从而引导企业使用跨境人民币支付结算，推动跨境人民币业务乘势实现更高水平发展。

赣州银行辖属各机构积极配合属地监管机构安排，与其他银行机构联合成立金融服务队，"银银合作"模式既可以弥补自身服务短板，又可以发挥灵活优势，更好地服务当地重点企业，为重点企业提供一揽子的跨境金融服务。赣州银行服务的一户境内外贸龙头企业，年出口额约为5000万美元，业务模式为该企业境外母公司负责接单，接单后由企业负责生产，货款与母公司结算，结算币种为外币。在了解业务发展机会后，赣州银行多次联合国有银行上门营销，建议其使用跨境人民币结算。但该企业变更结算币种意愿不强。在了解到企业诉求后，赣州银行与国有银行联合为其定制个性化的金融服务方案，同时为最大限度促成结算方式转变，赣州银行在其他金融服务方面给予进一步让利，最终促使企业使用跨境人民币方式结算。在未使用人民币结算前，企业美元结算占本外币结算比重近95%，目前，人民币结算占本外币结算比重已经由原来的不到5%增加至60%以上。

此外，赣州银行通过梳理跨境人民币重点客户清单，为大型外贸企业和小微企业分别制订个性化服务方案，分类施策，精准服务，组织专业团队，前往各个重点分支机构进行业务督导并协同分支机构人员前往重点企业共同营销，促使多个机构在疫情期间仍实现了跨境人民币业务零的突破。赣州银行积极与各地商务部门沟通对接，及时了解各地招商引资情况。2022年，一户外贸企业客户经招商引资落户江西省某设区市，赣州银行在知晓后第一时间与企业负责人取得联系，由条线部门带领专业团队上门拜访，了解企业真实诉求和业务发展需要，向企业宣讲赣州银行跨境业务金融服务，引导企业用足用好相关跨境人民币便利政策，最终与该企业在跨境人民币业务上达成合作。

二、创新使用CIPS终端产品，丰富清算渠道

截至2022年底，赣州银行作为CIPS的间接参与者，目前已与六家直参行签订代理清算协议，有效拓宽了清算渠道，满足客户多种清算路径选择需求。为充分发挥科技引领，做好跨境业务数字转型升级，2022年1月20日，赣州银行顺利投产上线CISD，成为江西省首批投产上线的法人金融机构，加入人民币跨境清算"高速公路"，实现"一个标准、直通全程"，使得跨境人民币业务清算更加高效、便捷、安全，有效提升跨境人民币金融服务质量。

（一）清算效率大幅度提升，客户满意度明显提高

现代家居产业链作为赣州的标杆产业链，聚集了大量小微企业，其中木材进口为家居产业链的重要环节，又因木材进口原产地主要为中欧国家，受近年国际外部环境因素影响，资金清算的汇款路径、清算时效均受较大影响。赣州银行为满足小微企业进口木材资金清算需求，引导企业使用人民币并通过CIPS进行清算，为企业避免了清算延迟，同时CIPS清算流程更加快捷。以企业进口木材向欧洲国家交易对手汇款为例，原有渠道为赣州银行通过SWIFT系统清算，向其境外代理行发送付款指令，境外代理行接收指令后需对该笔汇款业务进行行内反洗钱、贸易背景、汇款用途审查等，交易对手开户行及其代理行收到收款指令后还需经报文转换、账务处理等环节，平均汇款时效为3~4天。使用CISD进行CIPS跨境人民币清算后，通过统一的清算标准，全程贯通，可以有效节省汇款中间环节，平均汇款时间缩短至1~2天，为企业高效、便捷、合规地办理跨境业务提供了极大的便利。

（二）较低的清算费用，节约企业财务成本

CIPS不按业务量逐笔收费，间参行业务成本相对较低，也间接节省了企业的财务成本，为小微企业减负。以出口额约1000万美元的小微企业为例，原清算渠道每年在收付款、结售汇等业务环节产生的成本约为3.5万

元；使用人民币并通过CISD办理，减少了汇兑损益、支付清算等方面的费用，企业综合财务成本节约至1.5万元左右。近年来，通过推广使用CIPS和CISD产品，赣州银行有效践行其"服务小微"的经营宗旨，从而赢得小微企业一致好评。

（三）依托CIPS及CISD终端，实现跨境场景业务引流

例如，脐橙是赣州农业主导产业，赣州市脐橙种植面积和年产量世界领先，年产达百万吨，主要出口东盟等东南亚国家。发现某大型脐橙出口企业跨境业务需求后，赣州银行作为区域性银行，充分利用本土优势，积极营销和引导对方使用人民币结算，为其对比分析使用外币和人民币的优劣势，详细介绍基于CISD办理人民币业务手续费低、资金到账快的特点，成功帮助企业搭建便利的跨境人民币收付汇模式，提升企业使用人民币的体验和意愿。

三、跨境人民币业务快速增长，但还存在一些制约因素

在国家和地方监管部门对人民币国际化和汇率风险中性工作大力宣传和引导下，近年来赣州市各类外贸企业客户已逐渐树立汇率风险中性意识，并展现出良好的使用跨境人民币支付结算意愿，优先选择跨境人民币方式进行支付结算的意愿日益提升。在此背景下，赣州银行积极帮助企业提高跨境结算效率，推动企业在对外贸易中更广泛使用人民币。数据显示，近两年赣州银行跨境人民币业务实现了跨越式发展，业务结算量从7亿元增长至20多亿元；2020年、2021年和2022年跨境人民币结算占行内跨境业务本外币结算币比重分别为9.44%、6.38%和25.33%，这一比重还在持续上升中。赣州银行客户跨境人民币交易较为活跃的对手方主要集中在"一带一路"沿线国家。

但是，推动企业使用人民币跨境结算也存在一定瓶颈。一是产业链上下游企业使用人民币意愿不强。赣州区域大量外贸加工企业处于供应链弱

势地位，国外买家多为欧美发达国家企业，态度强势，对变更交易币种、更换回款路径较为排斥，特别是使用跨境人民币支付将增加其购汇成本，因此尽管国内外贸企业愿意配合使用跨境人民币，但最终因在交易中处于弱势地位，还是不得不使用外币结算。二是部分企业汇率风险中性意识有待进一步提高。特别是江西省外贸企业中，出口型外贸企业较多，在当前美元强势市场环境下，部分企业负责人预期人民币存在中短期走弱趋势，以美元收款有助于提高其整体收入，因此不愿意使用跨境人民币进行支付结算。

为了更好满足持续增长的业务需求，下一步，赣州银行拟对本行跨境人民币CISD清算模式进行进一步升级（由GUI模式升级为API模式），以提升跨境人民币清算直通率和业务处理效率，实现科技与业务更加紧密结合。未来，赣州银行将持续做好跨境人民币政策宣传和业务推进，充分发挥科技带头引领作用，积极利用CISD各项创新功能，提升跨境人民币服务质量和服务水平，把握跨境人民币业务发展机遇，更好地服务企业用好人民币，推动实体经济发展。

赣州银行　肖连斌　张春秀　伍翔　蔡雯婷　供稿

聚焦离岸、支持"三农"，依托跨境人民币支持实体经济

■ 上海农商银行

上海农村商业银行股份有限公司（以下简称上海农商银行）成立于2005年8月25日，是由国资控股、总部设在上海的法人银行。自成立以来，上海农商银行始终发挥上海本地城乡金融服务排头兵、主力军作用，无论是涉农贷款余额、增量，还是普惠小微贷款余额、增量，均位居上海同业市场前列，持续为客户、社会创造价值。

围绕上海新三大任务、"五个中心"以及"四大品牌"建设，上海农商银行以"普惠金融助力百姓美好生活"为使命，践行"诚信、责任、创新、共赢"的核心价值观，推进"坚持客户中心、坚守普惠金融、坚定数字转型"核心战略，努力打造为客户创造价值的服务型银行，建设具有最佳体验和卓越品牌的区域综合金融服务集团。截至2022年末，上海农商银行总资产规模突破1.2万亿元，营业网点近370家。

一、跨境业务基本情况及特色

在跨境业务方面，上海农商银行始终坚持扎根本土、守正创新、深化合作，业务规模年年攀升。截至2022年末，已拥有9大币种（美元、欧元、英镑、港元、日元、加元、澳大利亚元、新加坡元、人民币）共计50个境内外

清算账户，跨境清算渠道持续拓宽，为客户提供更加高效、便捷、优质的跨境支付结算服务。近年来，上海农商银行贸易金融产品体系不断完善，涵盖贸易融资、国际结算及资金汇兑、外汇存贷款、外汇衍生品、同业业务等各个方面；全球代理行网络持续扩大，重点推动RCEP成员国和"一带一路"沿线代理行网络的布局，截至2022年末，全球代理行机构总数为566家，覆盖全球62个国家和地区，保持国内农信系统领先地位。2022年全年，行内贸易金融业务结算量逾300亿美元。

二、跨境人民币业务健康快速发展

自2011年8月正式开办跨境人民币业务以来，上海农商银行业务规模逐年增长，业务品种也从传统的汇款、信用证、托收等结算产品逐步扩大至货物及服务贸易项下融资。当前我国面临新的全球经济形势，人民币将在对外经贸往来中发挥更为重要作用。党的二十大报告提出"有序推进人民币国际化"，上海农商银行始终坚持将人民币国际化作为战略业务，全面提升跨境领域业务经营质效，支持外经贸企业主动适应新形势、把握新机遇，进一步便利人民币跨境贸易投资，更好满足企业交易结算、投融资、风险管理等市场需求。

与往年相比，企业客户在跨境贸易和投融资中使用人民币支付结算的意愿有着显著提高。2022年，上海农商银行跨境人民币汇入汇款在本行开办的9个币种的汇入汇款中，笔数占比为9.18%，金额占比为19.66%；跨境人民币汇出汇款在本行9个币种的汇出汇款中，笔数占比为4.27%，金额占比为13.8%。这些企业客户人民币结算的交易对手方主要集中在中国香港、中国台湾、德国、韩国、日本、新加坡、马来西亚、澳大利亚等地区和国家。

三、跨境人民币业务的创新实践

2021年11月，在跨境清算公司指导下，上海农商银行成功上线CISD，成为上海地区首批成功使用CISD办理业务的间参行（CIPS间接参与者），标志着上海农商银行跨境人民币支付结算服务能力再升级，在整合跨境人民币收付渠道、提高跨境支付结算效率方面迈出了新的一步。多年来，上海农商银行努力通过产品和服务升级，持续支持和完善跨境人民币信息交互和支付清算，扩大企业跨境人民币使用的广度和深度，为客户提供更优质的人民币跨境贸易和投融资结算服务，增强金融服务实体经济能力和水平，助力跨境人民币业务的高质量发展和上海国际金融中心建设。

上海农商银行通过CISD办理的跨境人民币业务，总体结算支付速度得到了较为明显的提升。同时，企业网银作为便捷企业客户跨境汇款业务的首选，已实现了汇款信息的客户一键录入和后台优先处理。为继续提升跨境人民币汇款的业务处理效率，上海农商银行正在计划将企业网银发起的跨境人民币业务均通过CISD进行处理，并实现CIPS报文的自动拼装和发送。该功能上线后，有望将客户、银行的人工干预环节控制在较低水平。一般情况下，从客户企业网银发起申请到银行处理，可以实现跨境人民币汇款的准实时汇出，将跨境人民币汇款的处理时效降低到分秒级。

案例1：聚焦离岸，大力支持新型国际贸易企业利用跨境人民币结算

2022年4月，正值上海疫情管控期间，上海农商银行通过CISD成功为某大宗贸易企业在沪子公司办结一笔离岸转手买卖跨境人民币结算业务（结算金额为人民币3300万元）。该笔业务以保税仓单为载体，是该公司迁入临港新片区后的一项创新业务。

该公司是新片区重点引入并扶持的大宗贸易企业，负责其集团长三角区域的大宗商品贸易业务、投融资管理及综合行政服务，主要经营新能源有色金属及黑色大宗商品贸易，主营业务是铜产品批发销售，其国际贸易主要是进口贸易和离岸转手买卖两种贸易方式。

疫情期间，企业有一笔紧急的付款不能通过以往的线下渠道办理，

为克服新冠疫情对离岸贸易业务造成的不利影响，上海农商银行在充分评估并确认贸易真实性背景的前提下，介绍了跨境人民币结算的优势及通过CISD办理业务的时效性，鼓励企业使用人民币，并将其纳入跨境人民币优质企业名单。按照上海农商银行便利化政策，不需要提供合同和发票，客户凭加盖公章的《跨境业务人民币结算收/付款说明》电子扫描文件就可办理跨境人民币收款。主要亮点如下。

一是规避了汇率风险。 近年来，国际主要货币汇率波动加大，客户使用人民币交易结算的意愿进一步增强，对跨境人民币投融资、风险管理等需求也明显上升。此前汇率市场的快速波动对订单利润影响很大，客户需派专员实时盯着汇率。通过跨境人民币结算客户有效规避了汇率风险。

二是办结及资金清算效率高。 从制订结算方案到业务落地，总用时不超过24小时。在该笔业务中，企业对付款时效有一定要求，如果按照传统外币结算模式，由于涉及境外代理行、账户行对反洗钱、贸易真实性、资金用途的人工审核，平均汇款时效要2~3个工作日，如遇到其他问题需要提供更多材料配合尽职调查，或是该外币发行国适逢节假日，款项办结时间还要相应顺延，最长可能超过一周。使用人民币结算并通过CISD办理业务后，由于标准统一、人工操作环节少，直通式处理的模式有效提高了客户资金回笼速度，使该笔业务能够在规定时间内完成。

三是创新业务模式。 受疫情管控影响，企业无法进行仓单背书转让，企业货权转移全程通过电子指令进行。对此，银行可以根据贸易合同、货权转让指令、企业在库货物清单等多种材料，开展特殊时期的企业贸易真实性核查。

四是精准服务体系。 此笔跨境人民币结算业务在各方共同努力下，通过"一事一议""特事特办"，企业获得了极佳的业务体验，彰显了上海农商银行"店小二"服务精神。

> **案例2：服务"三农"，依托跨境人民币便利重点支持"三农"产业链、供应链**

某华东地区大型水果进口企业，经过数年经营，与多个国家驻华使领馆以及境外水果出口商建立了良好关系，保证了上游的进口资源，果品均从原产地直接采购。在上海农商银行多年政策辅导和服务下，该企业使用人民币跨境交易金额不断增加。目前，该企业已被列入上海农商银行跨境人民币优质企业名单，享受结算便利化政策，业务办理时间从1小时缩短至10分钟。资金结算方面，以该企业跨境收款业务为例，在上海农商银行上线CISD前，由于涉及不同报文标准的转换、业务需落地手工操作，往往需要1~2天资金才能到账。自2021年上线CISD后，企业跨境收款基本能实现当天到账。业务不断简化流程、不设事前审批的便利化措施，结合CISD使用，促使企业业务办理更便捷，跨境收付到账更高效，规避汇率风险、节省汇兑成本方面的优势得到进一步体现，获得企业高度认可。2022年，上海农商银行为该企业办理跨境贸易人民币结算业务116笔，金额超过2.45亿元，占该企业全年国际收支的比重超过40%。

未来，上海农商银行将持续做好跨境人民币政策宣传和业务推进，结合各项创新功能，继续致力于CISD的推广应用，努力通过产品和服务升级，进一步支持和完善跨境人民币信息交互和支付清算，扩大企业跨境人民币使用的广度和深度，为客户提供更优质的人民币跨境贸易和投融资结算服务，增强金融服务实体经济能力和水平，助力跨境人民币业务高质量发展和上海国际金融中心建设。

上海农商银行　黄钊　陈晨　供稿

践行跨境人民币金融服务创新，推动地方实体经济高质量发展

■ 顺德农商银行

顺德农商银行总部位于广东顺德大良新城区，前身是始建于1952年的顺德农村信用合作社，是一家具有70余年发展历史的金融企业，2009年12月底改制为农村商业银行，是广东省三家首批成功改制的农村商业银行之一。

在顺德这片改革创新的热土上，顺德农商银行作为地方性法人银行机构，一直深耕本地客户，致力于服务本地企业及地方经济发展，受到广大客户的认可与支持。近年来，顺德农商银行与时俱进，勇立潮头，通过持续努力和稳健发展，服务网络已走出顺德，迈向省外，形成了以顺德为本部，辐射珠三角及省外的经营网络。在顺德，顺德农商银行拥有270多家分支机构，并相继在江门恩平、佛山南海、清远英德、广州南沙、珠海横琴等地设立了直属分支机构，在佛山高明、江西丰城和樟树控股了三家村镇银行，成为一家法人治理规范、实力雄厚、科技先进、产品多元、经营稳健的现代金融企业。目前，顺德农商银行在所有的直属分支机构均设置国际业务营运中心，高效响应客户跨境金融业务需求。全行配备超80名国际业务专业人员及34名全球跟单信用证专家，秉承"专业分享，携手共进"的理念，致力于打造"做客户身边的国际业务专家"服务品牌，为企业跨境贸易及投融资结算业务提供专业服务。

一、勇立潮头，跨境人民币业务高速发展

自2009年国家推行跨境人民币结算业务以来，顺德农商银行深刻认识推动跨境人民币业务发展的重大意义，通过不断完善行内制度、升级业务系统、举办政策宣讲会、制订营销拓展方案等措施，向企业积极宣导及推广跨境人民币业务，行内跨境人民币业务量逐年攀升。2022年，顺德农商银行办理跨境人民币收付款业务超1.2万笔，金额合计超236亿元，同比增长超66%，跨境收付业务中人民币结算占比超30%，较2021年末提升12个百分点；顺德农商银行服务外贸企业约1800户，其中开展跨境人民币结算业务的企业占比达38%，较2021年末提升近10个百分点，企业使用跨境人民币结算的意愿不断增强（见图1、图2）。

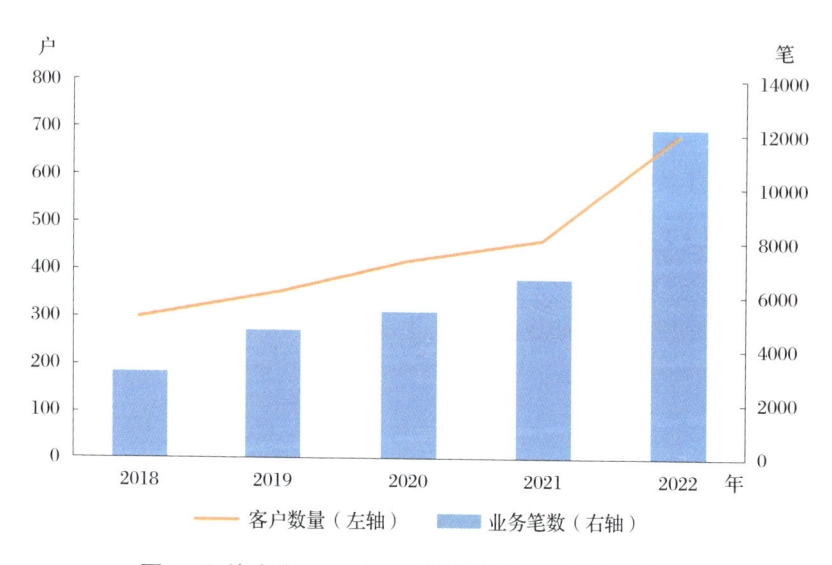

图1 顺德农商银行跨境人民币业务笔数及客户数量

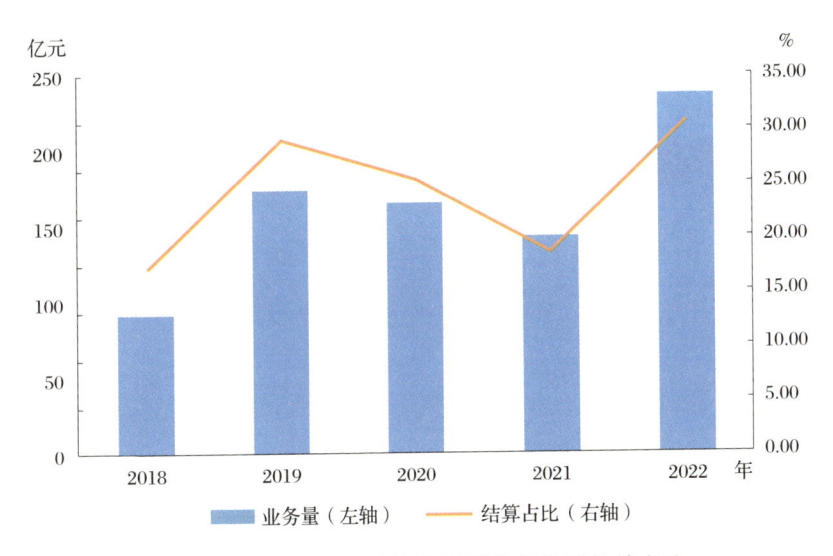

图2 顺德农商银行跨境人民币业务量及结算占比

目前，顺德农商银行办理的跨境人民币结算业务，交易对手遍布全球近100个国家和地区，其中以中国香港、新加坡、韩国、东南亚、中国台湾等亚洲的地区和国家为主，业务占比超80%，德国、美国等欧美国家的占比也不断提升（见图3）。

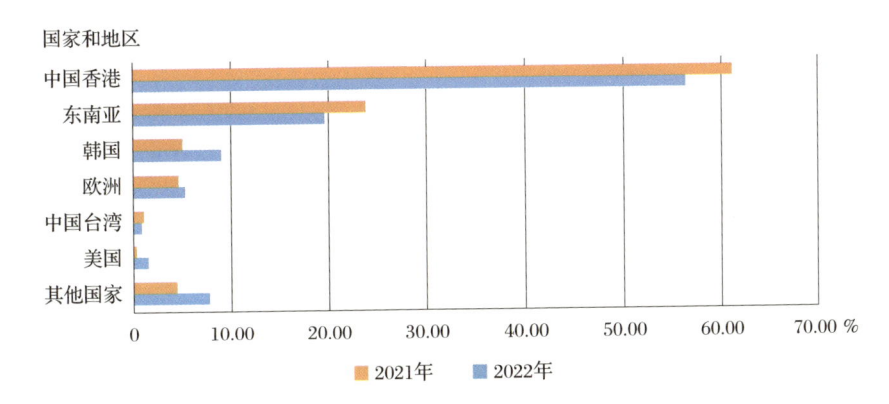

图3 顺德农商银行在各国家和地区的跨境人民币占比

二、服务实体，凸显跨境人民币业务优势

（一）贯彻"本币优先"理念，引导企业使用人民币跨境结算

顺德农商银行一直紧跟政策导向，贯彻"本币优先"理念，广泛宣传及推广跨境人民币结算。通过多种形式及多渠道开展宣传工作、推行跨境人民币业务线上化、推出跨境人民币结算业务优惠活动等措施，引导企业使用人民币跨境结算。

某大型五金制品企业，年出口量超1.2亿美元，出口地区主要集中在中国香港以及东欧地区，2021年该企业跨境人民币结算金额约为5000万元，结算占比仅为6.47%。顺德农商银行积极向该企业宣传和推广跨境人民币业务和政策，在了解到跨境人民币结算渠道更为顺畅，更符合实际业务需求后，企业加大了跨境人民币结算比重。2022年，该企业跨境人民币结算金额超3.5亿元，结算占比超40%。

某机械制造企业，主要出口专用机械设备，出口地区以欧洲为主。该企业2021年在顺德农商银行的进出口收付汇金额超3000万美元，结算币种主要以欧元和美元为主，很少使用人民币跨境结算。经过顺德农商银行的持续宣导，该企业了解到使用人民币进行跨境结算能降低汇兑成本、有效防范汇率风险。2022年，企业在顺德农商银行的跨境人民币结算比例大幅增加，贸易项下跨境人民币结算超1.8亿元，结算占比超90%。

（二）善于运用便利化政策解决企业难题

在推广跨境人民币结算的过程中，顺德农商银行积极运用跨境人民币结算便利化政策措施，让优质企业切实享受政策红利。2022年，顺德农商银行办理跨境人民币结算便利化业务金额超12亿元，是2021年同期的5倍。

2020年6月上旬，某加工制造企业急需将跨境人民币融资款项用于在境内购买生产设备。在常规流程下，企业财务人员需提前2~3天准备商业单据等相关业务申请材料，银行外汇业务人员需1~2小时审核资料的操作流程。为满足企业快速支付业务需求，通过深入研究便利化政策，在确认上述企业为

跨境人民币结算优质企业后，顺德农商银行立即向企业推介跨境人民币结算便利化业务，并为企业提供详尽的业务指引。在确保业务背景真实性与合规性的前提下，顺德农商银行外汇业务人员凭企业的支付指令，快速为其支付设备款项，并实时跟踪款项达账，整个业务流程在半天内全部完成。跨境人民币结算便利化举措进一步简化业务流程，提升业务办理效率，大大降低了企业"脚底成本"和资金划转成本。

2020年6月中旬，某电器制造企业急需于当天向境外支付一笔跨境人民币货款，但按常规流程，企业需耗费1~2天时间准备相关业务申请材料后，才能到银行办理跨境支付业务，将导致货物到货时间延后。顺德农商银行获悉企业业务需求后，立即安排行内外汇业务人员与企业对接，根据广东自律机制最新发布的优质企业名单及便利化方案实施细则，结合实际情况，迅速为企业量身定做相匹配的服务方案，及时为企业提供现场的政策辅导及业务全流程指引。在确保业务背景真实性与合规性的前提下，顺德农商银行为企业提供了免业务单证事前审核、免报关单核验等跨境人民币结算便利化服务，凭企业提供的《跨境业务人民币结算付款说明》，10分钟内迅速为企业办妥货物贸易跨境付款手续，实现了货物贸易跨境人民币结算的高效操作，加快企业资金运营效率。

三、科技赋能，创新驱动跨境人民币业务再突破

（一）积极部署使用CIPS终端产品，提升跨境清算效率

顺德农商银行始终高度重视跨境人民币业务的发展，积极响应国家及相关管理部门的人民币国际化战略部署，助力推动人民币国际使用。2021年末，在各级跨境人民币业务管理部门及跨境清算公司的指导和支持下，顺德农商银行顺利上线CISD，在服务企业跨境贸易和投融资便利化方面再添新工具。CISD的上线，可增加顺德农商银行跨境人民币结算报文收发渠道，解决各方参与者之间存在支付指令标准不统一、人工处理环节多等痛点，有效提升跨境人民币的清算和支付效率，为客户提供更高效、便捷、安全的人民币跨境支付服务，打通了人民币跨境清算"最后一公里"。

一是CISD助力出口企业收款提速。顺德农商银行的客户某大型家电制造企业，主要出口小家电产品，出口地区以亚太地区为主。顺德农商银行部署CISD前，企业从韩国的跨境人民币收款以SWIFT传输为主，直参行需把收到的CIPS报文转换成SWIFT报文后传输到顺德农商银行。部署CISD后，直参行直接通过CIPS报文与顺德农商银行进行报文传输，减少了报文标准转换的过程，企业的收款效率明显提高。

二是CISD促进进口企业付汇效率提升。部署CISD前，顺德农商银行为企业办理跨境人民币汇款业务时，需通过SWIFT与直参行进行报文传输，直参行对于报文格式存在一些特殊要求，例如，地址栏位一定要写上"ADD."字样进行分隔，附言栏位需增加输入业务类型信息，以上要求是由于SWIFT和CIPS报文标准不一致造成的，由此导致经常出现因报文格式问题业务被退回或在直参行落地人工处理的情况，影响业务处理效率。部署CISD后，可使用CIPS报文的统一标准格式进行报文录入处理，无须再进行特殊转换，大幅减少了人工处理环节，直参行的业务处理效率也得到提升，顺德农商银行对客户的服务水平进一步提高。

（二）发挥科技优势，CISD模式升级提升效能

为适应人民币国际化步伐的持续加快及跨境人民币业务的高速发展，顺德农商银行凭借自身科技能力优势，于2023年3月优化升级行内业务系统，成功将CISD由GUI模式升级至API模式，跨境人民币结算业务效能进一步提升。模式升级后，CISD的收发报文以及行内系统的清算工作，均可通过顺德农商银行业务系统自动处理完成，每笔通过CISD收发报的跨境人民币收付款业务至少减少15分钟处理时间。在模式升级的同时，顺德农商银行还增加了CISD的对接直参行，以往每个月仅有几笔跨境人民币业务通过CISD收发报，现在增加到了每天10多笔通过CISD收发报。API模式上线短短两周时间，顺德农商银行通过CISD办理的跨境人民币结算业务已超80笔，业务金额合计超1亿元。

（三）重视业务管理，直连人民币跨境收付信息管理系统

顺德农商银行高度重视跨境人民币业务管理及业务数据报送质量，具有

完善的内控管理流程，设置专人专岗负责跨境人民币业务管理及数据报送工作。为有效支持跨境人民币业务可持续发展，确保数据报送质量与时效，顺德农商银行按照监管部门工作安排及相关要求，优化升级行内业务系统，实现以行内人民币跨境收付信息管理前置系统作为顺德农商银行数据报送平台，将行内业务系统直连接入RCPMIS系统。在近几年监管部门的跨境人民币业务数据报送质量考核中，顺德农商银行的数据信息报送均做到及时、准确、完整，未发生过数据迟报、错报及其他异常情况。

四、本币优先，全力构建外贸发展新格局

在党中央坚持改革开放，不断扩大对外开放，构建新发展新格局的背景下，人民币国际化的步伐将越迈越大，人民币在对外贸易投资中的作用也会越来越大。未来，顺德农商银行将继续把握人民币国际化的机遇，加快推动跨境人民币业务的发展：一是坚定不移紧跟国家战略发展方向，在大力推动跨境人民币业务发展的同时，积极响应并推动CISD应用于人民币以外的其他币种清算。二是坚持科技赋能，增加应用支付透镜等增值功能，将CIPS终端产品更多地应用到各类实际业务场景，更好地服务实体企业，发挥跨境人民币服务实体经济作用。三是贯彻"本币优先"理念，持续深化跨境人民币相关政策宣导，持续通过办讲座、开沙龙、走企业等多元方式向广大外贸企业宣导跨境人民币结算相关政策和业务优势，引导更多客户选择跨境人民币结算；四是持续迭代优化跨境金融线上化服务，满足企业足不出户即可通过线上渠道办理跨境人民币汇款及单证等业务需求，不断提升跨境人民币结算业务便利性。

顺天明德，共生共荣。顺德农商银行将继续秉承"用心服务，成就理想"的企业使命，以改革为契机，以发展为动力，以客户为中心，不断完善多元化跨境金融服务，用实际行动推动高质量高水平的跨境贸易投资便利化，为地方经济发展和广大客户提供更高价值的跨境金融服务。

顺德农商银行　张弛　黄伟虹　陈光泽　供稿

立足湾区便利政策，力推"本币优先"战略

■ 东莞农商银行

自开办跨境人民币业务以来，东莞农商银行坚持"本币优先"战略，以粤港澳大湾区便利化政策为依托，以业务宣导为抓手，以系统更新迭代为驱动，不断加大跨境人民币业务拓展力度，拓宽跨境人民币清算渠道，向湾区企业客户提供便捷、高效、安全的跨境结算服务，持续提升跨境人民币规模和占比，获得跨境银行间支付清算有限责任公司颁发的"2021年度人民币跨境支付清算业务领先参与者""2021年度标准收发器先进贡献参与者"等荣誉。

一、发挥区位优势，跨境人民币业务量质齐升

一是业务规模逐年攀升。随着跨境人民币国际化逐步走向深入，东莞农商银行跨境人民币业务量呈现整体上升的态势，跨境人民币业务量连续两年实现双位数增长。2020—2022年，东莞农商银行跨境人民币业务量分别为111.99亿元、150.16亿元及172.13亿元，2021年、2022年分别同比增长34.08%、14.63%。二是本币占比逐步扩大。2020—2022年，东莞农商银行跨境人民币占本外币跨境收支比例分别达22.99%、24.60%和28.30%，占比逐年递增，影响力进一步提升。三是与港澳台联动紧密。身处湾区，受地理区位等因素影响，东莞农商银行跨境人民币收付集中在港澳台地区，港澳台地区

业务量常年高居行内首位，占全行跨境人民币业务量逾八成，尤其是受相关政策推动，近两年澳门地区的跨境人民币业务展现出强劲的增长势头，2022年澳门地区跨境人民币收付量同比增长近200%。四是制造业名城区位特色显现。作为"世界工厂"，东莞的外向型经济在跨境人民币业务方面也有所体现，全行跨境人民币收付以货物贸易为主，涵盖家具、服装、玩具等行业。

二、发挥政策优势，积极倡导"本币优先"

（一）依托政策，促进业务便利化

1. 简化跨境人民币流程。根据银发〔2020〕330号文要求，东莞农商银行对全行的跨境人民币业务流程进行全面梳理，进一步简化业务流程，建立跨境人民币优质企业名单，名单内企业可凭《跨境业务人民币结算收/付款说明》办理跨境人民币收付，提交资料进一步简化。同时，东莞农商银行大力支持新业态发展，凭交易电子信息为相关市场主体提供经常项目下跨境人民币结算服务，比如免除某一跨境电商仓储企业的纸质资料审核，2022年累计为该企业办理跨境人民币收汇近2亿元；投融资管理方面，东莞农商银行重点做好外商投资企业境内再投资，免除外商投资企业子公司开立接受再投资账户等业务流程，营造良好的营商环境，以实际行动响应东莞市政府号召，打好"五外联动"组合拳。

2. 扩大分支机构跨境人民币办理权限。东莞农商银行通过进行内部上岗培训、考试，以考促学，夯实一线分支机构人员的跨境人民币展业知识储备。疫情期间，东莞农商银行开通全市所有分支机构的业务办理权限，支持企业就近前往所在机构办理跨境人民币收付业务，降低业务办理"脚底成本"。

（二）持续宣导，首推跨境人民币

1. 多维宣讲业务，坚持本币优先。一方面，东莞农商银行坚持政银协作，积极参加国家金融监督管理总局东莞监管分局、中国人民银行东莞市分行、东莞金融工作局举办的活动，从实务出发向行业协会、拟上市企业、新三板挂牌企业等代表人员介绍跨境人民币业务，普及最新便利化政策，积极引导企业选择跨境人民币作为结算币种；另一方面，东莞农商银行以小型沙龙的形式，由分支机构邀请有意向、有潜力企业，交流近期外贸形势、市场热点，了解市场实际需求，介绍适用的跨境人民币结算产品，分析在跨境业务中使用人民币的优势和便捷性。

2. 精挑优质企业，加大拓展引导。跨境币种的使用，本质上是国家经济实力、本国企业在国际市场上议价能力的体现。因此，在推广使用跨境人民币的过程中，东莞农商银行重点选取一批在国际上具备一定议价能力的当地企业进行重点走访、重点突破，引导其使用本币进行跨境结算。某集团公司是一家在开关制造、电子组件及PCB集成制造领域处于领先地位的大型港资企业，产品销往世界各地，2022年该企业进出口额超4亿美元。由于其经常需要从国外母公司购进原材料，生产加工后再出口至境外母公司，在此过程中均采用港元结算，存在较大的汇率风险敞口。受近年汇率双向波动加剧影响，企业表现出较为强烈的套保需求。在了解情况后，东莞农商银行积极引导企业深入理解"本币优先"原则，对接企业决策层，重点普及跨境人民币业务的办理流程，并结合实际案例让企业了解跨境人民币结算在规避汇率风险、节约资金成本、业务便利化等方面的独特优势，提高企业跨境人民币结算意愿。同时承诺由专人为该企业提供全流程业务知识培训，从合同签订、业务咨询、出口收汇及国际收支申报等流程提供全方位的指导和技术支持，最终赢得企业的信赖。截至2022年末，全行累计为其办理跨境人民币结算量超8亿元。

三、发挥创新产品优势，提升跨境业务处理效率

（一）积极接入CISD

在跨境支付清算过程中，支付指令标准不统一、人工处理环节繁多等一直是困扰市场主体、影响清算效率的难点和痛点问题。作为人民币跨境支付清算服务的提供者，跨境清算公司联合参与者在2020年推出了CISD作为市场机构接入CIPS的业务处理平台，打通了跨境人民币清算的"最后一公里"。东莞农商银行积极部署相关工作，安排专人参与开发测试。为较快向客户提

供CISD相关服务，东莞农商银行采用"小步快跑，快速迭代"的策略，在充分分析和沟通后，东莞农商银行率先于2021年9月27日上线CISD的GUI模式，以CIPS间接参与者身份接入，成为广东省首批接入CISD的地方法人银行。接入后的3个月内，通过CISD办理跨境人民币收付就已经超过7000万元。

（二）系统再升级，处理更便捷

CISD GUI模式上线后，东莞农商银行立即启动API接口对接模式项目，并于2022年4月20日成功上线。上线后，无需人工处理报文头寸，系统在收到跨境人民币清算报文后自动识别、自动下挂、即时到账、即时处理，渠道转换及人工处理环节有效缩短，业务便捷性进一步提升，实现了跨境人民币业务全流程直通式处理，促进跨境贸易、投融资结算便利化（见表1）。行内跨境人民币使用CISD清算的占比逐年增长，2021年为17.74%，2022年增长至21.80%，2023年前两个月更是取得66.70%的占比，对CISD渠道清算的依赖逐步加强。

表1 采用CISD GUI模式与CISD API模式的前后对比

对比项	CISD GUI网页版	CISD API直连
适用性	适用业务初期，业务需求量不大、能提供统一的客户端功能，支持手工录入指令，开发投入成本较少	适用业务趋向成熟阶段，业务需求量较大的机构，可实现业务一体化处理，具备较强的功能扩展性，但有一定投放成本
业务处理能力	由于需要手工处理，因此业务响应较慢，业务量较大的时候易造成人手压力，处理能力较弱	能够满足全行跨境人民币业务需求，处理能力强
业务流程（以汇入款为例）	登录CISD GUI网页版查看报文—人工清分撮合—行内系统手工新建入账—登录CISD GUI网页版反馈入账情况	行内系统收到CISD来电报文—直接入账
业务自动化	需手工处理	系统自动处理
业务用时	1~2个工作日	实时处理

（三）积极推广CISD渠道，助力汇率避险

东莞某能源公司主要经营煤炭进出口，采购网络分布在东南亚、澳大利亚及"一带一路"沿线国家，年进口额超1亿美元。2022年以来，受地缘冲突影响，国际能源危机持续演绎，煤炭价格持续高涨，加之人民币对美元汇率双向波动加剧，企业承受着较大的汇兑损失压力。为助力企业规避汇率风险，使其更专注于自身业务经营，东莞农商银行积极推荐企业使用人民币跨境结算，并向其介绍CIPS在"一带一路"、东南亚等地清算效率高、使用CISD自主信息传输通道后安全性有保障等优势，提议对方通过CISD进行跨境结算。最终企业与部分"一带一路"沿线的交易对手达成协议，采用"跨境人民币＋CISD渠道"的结算方式。以该企业首笔通过CISD办理的业务为例，2023年2月20日，企业向阿联酋交易对手支付一笔进口煤炭款项，金额超5000万元。通过CISD进行跨境人民币国际结算，不仅有效降低了企业汇兑成本、规避汇率风险，还提高了资金的使用效率。目前该企业表示后续将逐步采用"跨境人民币＋CISD"模式完成跨境资金结算。

（四）巧借CISD，用好湾区新政

2020年，《关于外汇管理支持粤港澳大湾区和深圳先行示范区发展的通知》（粤汇发〔2020〕15号）正式出台。该通知明确，在粤港澳大湾区内的内地城市成立的且符合条件的非金融企业取消外债逐笔登记，企业可在额度内自主举借外债。通知生效后，区内企业借用外债不再需要逐笔提前向所在地外汇分局登记，只需在首次借用外债前向外汇分局办理一次签约登记即可，借用流程大为简化。东莞某塑胶五金有限公司，为港资企业，由于原材料价格不断上涨等因素，企业自2022年起从香港母公司借用外债，采用最新的一次性外债登记模式，获批1亿元的额度，分笔汇入企业在东莞农商银行的外债账户。由于借用款项主要用于企业的日常周转经营，因此企业对于结算效率有一定要求。经了解，企业香港母公司在东莞农商银行其中一家CIPS代理清算行开有账户，因此，东莞农商银行建议其境外母公司通过CISD进行支付。2022年9月，该企业香港母公司首次采用CISD结算，从"香港发报—

外债资金到账"整个流程最快仅需1小时，基本实现当天汇出，当天到账、解付。截至2023年2月末，已累计为企业通过CISD办理入账6笔，金额3800多万元，有效缓解企业资金周转压力，实实在在便利了湾区内企业经营，为促进粤港澳等地的互联互通作出了贡献。

展望未来，东莞农商银行将继续立足粤港澳大湾区，充分运用国家的跨境人民币便利化政策，普及跨境人民币结算在规避汇率风险、节约资金成本等方面的优势，努力推广使用跨境人民币、使用CISD，积极部署上线CIPS支付透镜功能，使跨境人民币汇款路径可追溯、客户查询更便捷，尝试与更多CIPS直接参与者建立代理清算关系，拓宽清算路径，务求为客户提供更加高效、安全和多元的跨境清算服务，不断优化跨境人民币服务流程，提升客户跨境人民币汇款体验，做大跨境人民币结算规模，努力成为人民币国际使用的见证者和赶路人。

东莞农商银行　陈杰斌　卢颖珊　供稿

提升跨境人民币业务水平，
夯实服务实体经济能力

■ 江门农商银行

江门农村商业银行股份有限公司（以下简称江门农商银行）由原江门新会农村商业银行股份有限公司与原江门融和农村商业银行股份有限公司合并组建成立，于2018年8月正式合并组建创立。截至2022年末，共设有182家营业网点，在职员工2300余人。

作为江门市首家资产规模超千亿元的地方性金融机构，江门农商银行不断强化服务经济发展的责任担当，主动对接粤港澳大湾区等国家重点战略，持续完善产品和服务体系，积极践行普惠金融、勤劳金融，以"有温度、有速度、有精度"的金融服务，为全面推动粤港澳大湾区建设、深入推动乡村振兴战略提供有力支撑。跨境人民币业务方面，江门农商银行以服务金融市场双向开放和实体经济发展为目标，不断提高业务能力和服务水平，大力推动区域内人民币跨境使用，积极引导企业使用人民币进行贸易结算，为地方经济建设及"一带一路"等相关国际经济合作贡献力量。

一、精准市场营销定位，开创各项业务持续增长局面

一直以来，江门农商银行以"打造侨都特色、客户首选的湾区一流银行"为企业愿景，坚守"服务'三农'、服务中小、服务实体经济"的市场

定位，践行"惠农兴商、助力梦想"的企业使命，加快转换经营机制，加速推动服务重心下沉，持续推进综合化、特色化、数字化、国际化改革，积极探索党领导数字化时代"勤劳金融"新路子，努力开创高质量发展新局面，为促进经济社会发展注入强大的"农商力量"。

2013年，江门农商银行正式开办外汇业务，多年来业务量稳健增长。2022年，江门农商银行通过精准的战略定位、持续的靶向发力，促使跨境业务持续增长，全年跨境结算量超20亿美元，外汇业务规模在江门市金融机构中排名第五，市场占有率10%。此外，还多次在外汇局的银行外汇业务合规与审慎经营评估中获得A级评定。

作为CIPS的间接参与者，江门农商银行积极融入跨境人民币清算体系，努力提升跨境人民币清算效率，更好地服务地方客户。同时，加大宣传力度，深入企业开展跨境人民币业务宣讲，为重点企业提供定制化的服务方案，促使业务规模逐年增长。2022年，全行跨境人民币业务量21亿元，占国际收支量总额的15%。

二、提速金融科技创新，聚焦跨境人民币业务发展

作为资产规模超千亿元的"地方金融长子"，江门农商银行响应"无科技不金融"的新时代要求，抢抓大数据、云计算、人工智能等重要风口，率先布局新一轮产业革命，大幅度提升服务能力、风控水平和运营效率，奋力实现高质量发展。2022年7月，在第十一届中国新型金融机构论坛上，江门农商银行凭借科技赋能金融数字化转型的突出表现，被评为中国地方金融"十佳科技赋能银行"。

跨境人民币业务方面，江门农商银行充分发挥金融科技创新的作用，积极参与广东农信"人民币跨境收付信息管理系统（二代）"开发及试点。2022年，凭借突出的国际业务发展速度及优异的外汇结算量，江门农商银行被选为该系统集中现场验收的机构代表，负责向中国人民银行广州分行组织专家小组展示全案例场景的业务操作及报送流程的演练。在本次验收工作

中，江门农商银行充分凸显了在本次验收项目中的示范带动作用。

此外，为向企业客户提供更优质、更便捷的外汇金融服务，打造一站式智能服务新模式，江门农商银行于2022年上线"外汇管家"服务平台，是广东农信系统首批自主研发上线客户服务系统的银行机构。该平台搭建在"江门农商银行微金融"微信公众号——"功能首页"，客户可通过该平台直接获取专业的汇率牌价、市场资讯分析、查询账户以及业务明细、实时下载业务回单等，进一步改善客户在外汇交易、国际收支申报、回单打印、提交资料等方面的服务体验，全面满足客户的"掌上"业务需求，有效提升业务办理效率。

三、明确目标企业，加强跨境人民币结算推广

党的二十大报告提出要"有序推进人民币国际化"。江门农商银行把握历史机遇，2021年7月成功投产上线CISD，成为广东省早期部署CISD的参与者之一，打通了人民币跨境清算的"最后一公里"，实现与直参行以及企业客户之间的信息直连。CISD的上线使得江门农商银行更加高效、便捷开展跨境人民币业务，提升跨境人民币业务服务质量。同时，江门农商银行针对性加大了跨境人民币结算便利化政策的宣传力度，通过宣传单张、微信公众号、电台广告、户外广告等多元化渠道，实现跨境人民币业务宣传全覆盖，提升市场普及度，引导客户增强跨境人民币结算意识。

某科技企业位于江门市蓬江区，主要研发、生产、销售照明产品，是江门农商银行重要的国际业务客户，该企业跨境结算量大，但基本都是以外币结算。在营销走访过程中，江门农商银行在介绍国际业务产品的同时，重点宣传了跨境人民币结算的业务优势。一是可以规避汇率风险，在当前市场汇率波动较大的环境下，使用外币易产生汇兑损失；二是便于财务核算，节省汇兑成本，降低企业财务成本；三是出口退税便捷，企业办理报关和出口货物退（免）税时也不需要提供外汇核销单。在江门农商银行的积极宣传和指引下，2022年9月该客户成功在江门农商银行办理首笔跨境人民币汇入汇款。

在回访过程中，该客户反映在江门农商银行办理的收汇业务较之前更加快捷，效率更高。江门农商银行通过认真分析，认为原因是按照之前的业务流程，账户行收到款项指令后还需进行报文转换、账务处理等环节，而部署CISD后，传输汇款信息使用统一的报文标准、全程贯通，可以有效节省汇款过程中的人工落地处理环节，缩短款项在途时间。同时，由于使用CIPS清算跨境人民币不是按照业务量逐笔收费，且减少了中间行环节，降低了支付清算等方面的费用。对于客户来说，既节省时间成本，又节约财务成本。因此，企业在江门农商银行办理跨境人民币业务，实实在在地享受到了便利和实惠。

江门农商银行凭借开展跨境人民币业务方面的优秀表现，荣获2021年度CISD先进贡献参与者奖项。该奖项是对江门农商银行积极响应国家人民币跨境支付战略部署、运用CISD推动跨境人民币业务发展的肯定。未来，江门农商银行将继续做好跨境人民币宣传、业务落地，推动跨境人民币业务支持稳外贸、稳外资工作，提高涉外企业使用跨境人民币的积极性，进一步发挥跨境人民币业务服务实体经济的作用。

江门农商银行　陈贤　余苏娅　区筱莹　供稿

积极助力CIPS产品创新，打通券商跨境结算"最后一公里"

■ 国泰君安证券股份有限公司

作为中国证券行业长期、持续、全面领先的综合金融服务商，国泰君安证券股份有限公司（以下简称国泰君安证券）正在集团范围内全力推进"深耕本土、布局亚太、覆盖全球主要金融市场"的全球化战略布局，积极推动实施跨境经营管理一体化，支持中国企业"走出去"、助力境外机构投资中国，更好服务国家推进高水平制度型对外开放。随着公司人民币跨境结算体量的不断增长，国泰君安证券积极探索借助CIPS产品服务提升非银金融机构跨境支付结算效率，为行业提供更加直通高效的跨境结算解决方案。

一、开拓创新，为行业高质量发展贡献力量

国泰君安证券成立于1992年，跨越了中国资本市场发展的全部历程和多个周期，始终以客户为中心，深耕中国市场，为广大企业、机构和个人客户提供各类金融服务，确立了全方位的行业领先地位。在30多年创新发展过程中，国泰君安证券逐渐形成了风控为本、追求卓越的企业文化，成为中国资本市场全方位的领导者以及中国证券行业科技和创新的引领者。自2008年以来，国泰君安证券连续16年获得中国证监会授予的A类AA级监管评级。

在清结算领域，国泰君安证券一贯致力于开拓创新，不断寻求创新突破，积极履行行业"领头羊"的责任及使命，助力金融市场基础设施的持续完善，为行业高质量发展贡献力量。2006—2007年，为解决特殊时期客户交易结算资金存管安全问题，国泰君安证券创新提出"国泰君安第三方存管"模式，成为行业首批获得证监会批复试点第三方存管业务的创新类证券公司。2012—2013年，国泰君安证券率先推出一户通账户体系，再次领衔证券行业账户体系转型创新，助力公司综合金融服务能力稳步提升。2014年，国泰君安证券成为国内首批获得结售汇业务经营资格的证券公司，并于2015年正式成为银行间外汇市场会员，率先开展券商自营人民币外汇及外币对交易结算。2017年，国泰君安证券启动债券通业务，高效、稳健完成跨境债券交易投资的人民币结算，连续四年蝉联债券通"优秀做市商"殊荣。2021年，国泰君安证券在代客结售汇领域实现创新突破，率先落地H股"全流通"客户结汇创新模式，为券商客户账户内结汇树立了行业典范。

二、积极参与，持续推进跨境人民币结算业务

国泰君安证券参与跨境人民币结算的历史可以追溯到2003年。当时，国泰君安证券通过QFII（合格境外机构投资者）业务获得了首笔境外机构汇入的人民币佣金收入。后续随着2009年跨境人民币结算试点业务开闸，国泰君安证券积极响应国家人民币国际化战略，已在多个业务领域开展跨境人民币结算，包括债券通、外资股东减持、投行项目发行、自贸区债券投资、非贸易服务费收付等。

资本市场尤其是债券市场的国际化是扩大人民币国际使用的基础，通过建立丰富多元的人民币金融产品体系，真正便利境外主体使用和持有人民币。作为中国债券市场对外开放的里程碑，债券通业务自2017年7月正式运行以来，受到境内外投资机构的广泛关注，成为连接境内外债券市场的重要渠道。2017年率先开展的"北向通"业务，其债券和资金结算通过CIPS与境内托管机构系统建立自动化连接，以逐笔实时、券款对付（DvP）办理债券

过户和资金支付。CIPS结算通道为债券通业务提供了安全、高效、便捷和低成本的资金清算结算服务，有效降低了跨境债券交易资金结算风险，提高了资金结算效率。

国泰君安证券作为第一批债券通做市报价商，与境外投资者建立密切联系，始终为境外投资者提供优质便捷的报价服务，推动境外投资者参与境内债券市场的投资配置，与业务、与客户一同发展成长。自2017年至2022年底，国泰君安证券债券通业务量快速增长，跨境人民币结算量从2017年的13.73亿元提升至2022年的4337.51亿元，以实际行动和优异成绩助力中国债券市场对外开放，保持行业领先优势（见图1）。

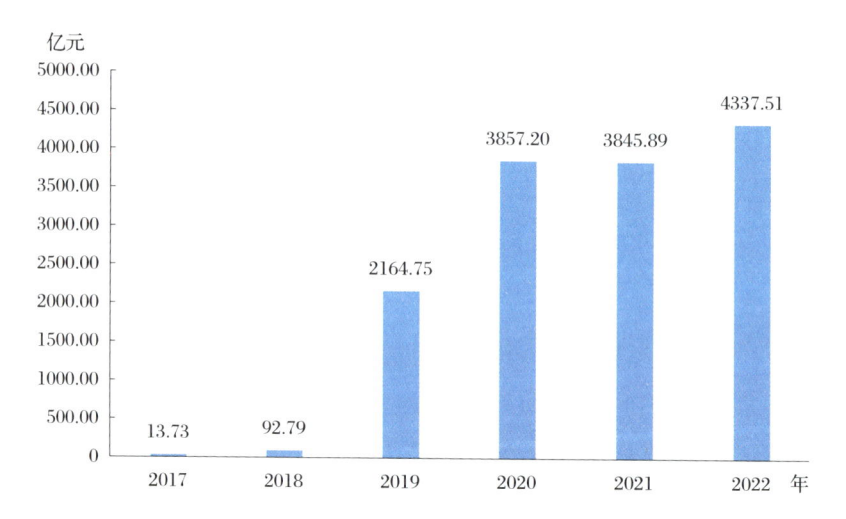

图1　2017—2022年国泰君安证券债券通人民币结算量

三、奋楫争先，业内首家部署CIPS"债券通直通服务"

从2021年起，国泰君安证券与跨境清算公司就券商的CIPS报文应用场景开展了深入交流，经过多轮研究、探讨及论证，2022年1月，国泰君安证券正式向跨境清算公司提出了基于债券通业务的非银金融机构报文应用需求，跨境清算公司高度重视，第一时间联合国泰君安证券和合作银行成立专项工作组，开创性研究制订了债券通直通服务解决方案。在业务开发过程中，国泰君安证券从非银金融机构角度，共同参与了业务需求制定、报文标准设计和系统开发联测等准备工作。2023年3月30日基于CISD的"债券通直通服务"正式投产上线，成功实现债券通互联互通模式结算报文的直通化处理。

同时，这一功能采用了CIPS最新推出的一点接入的专线连接方式，为后续多业务拓展打下了基础。

（一）"债券通直通服务"大幅提升债券通结算效率

"债券通直通服务"的落地，解决了此前债券通业务中非银金融机构面临的结算指令交互不及时、与结算银行对接非自动、报送信息传递不便等诸多业务痛点（见表1）。

表1 "债券通直通服务"上线前后场景对比

业务场景	上线前	上线后
付款指令	线下发送指令，落地处理	线上报文指令，直通处理
收款指令	线下发送指令，落地处理	无需指令，直通处理
付款顺序	线下指定顺序，落地处理	线上主动回复，直通处理
结算状态查询	线下查询或通过中债、上清客户端查询	CISD界面可查询业务状态
数据核对	日终通过线下邮件核对	线上与业务系统数据核对
异常处理	线下人工沟通	线上报文回复
数据报送	线下邮寄盖章材料	线上报文报送，每日申报

一是"债券通直通服务"上线前，CIPS债券通收付款结算报文止步于结算银行端，无法直达国泰君安证券等非银金融机构。非银金融机构需通过非标准化的沟通方式与结算银行交互结算指令，结算银行处理债券通项下结算报文，需要专人关注、通知、处理与核对，双方交互成本高，直通化水平低，存在一定的操作风险隐患。业务落地后，通过CISD终端，结算银行可以

直接转发CIPS债券通收付款结算报文给非银金融机构，非银金融机构可通过跨境清算公司提供的报文收发器GUI界面或运用API接口的方式反馈对应结算指令，有效提高债券通业务项下资金跨境结算的效率和透明度，打通债券通业务项下跨境人民币结算的"最后一公里"。

二是"债券通直通服务"上线前，非银金融机构通过线下纸质盖章材料传递等方式向结算银行提供国际收支申报与跨境人民币收付款信息数据，既耗费了大量人力物力，又存在时效性问题。在此背景下，跨境清算公司创新设计了137报文标准。非银金融机构可通过137报文完成国际收支申报和跨境人民币收付款信息对应数据的提交，简化了报送流程，提高了申报效率，实现无纸化办公。

三是"债券通直通服务"上线前，如非银金融机构对债券通付款类业务进行结算顺序的调整，只能依靠线下沟通的方式与合作银行商议解决，整个沟通链路耗时长、效率低、操作风险高，特别是临近业务截止时间点的时候容易手忙脚乱。"债券通直通服务"上线后，非银金融机构可根据CIPS标准化报文数据，对接内部系统，及时进行交易结算状态的跟踪与流动性管理，自主安排付款确认报文的结算顺序；通过报文收发器GUI界面的"业务错误处理"模块，主动发现结算异常的业务并及时处理，提升处理效率的同时也保证了业务数据的安全。

（二）采用专线单点接入CIPS网络，布局未来

2022年以前，非银金融机构或者企业客户（以下简称非银参与机构）需通过CIPS办理业务时，只能采用与合作银行点对点接入的方式，即非银参与机构与合作银行进行专线联通，并不直接对接CIPS。如非银参与机构与多家银行开展合作，就需与每家合作银行单独架设一条专线，无形中增加了非银参与机构的使用成本，限制了合作规模。

2022年初，国泰君安证券与跨境清算公司沟通债券通直通业务需求时，双方探讨了网络一点接入的设想。2022年底，"债券通直通服务"初具雏形时，国泰君安证券从跨境清算公司获知其已支持通过CISD终端一点接入的连

接方式，当即决定采用该方案接入CIPS网络。在这种模式下，非银参与机构可选择与跨境清算公司架设专线单点接入CIPS网络，即只需一条网络专线即可实现与CIPS网络各参与机构的互联互通，为未来与更多合作银行开展业务奠定网络基础（见图2）。

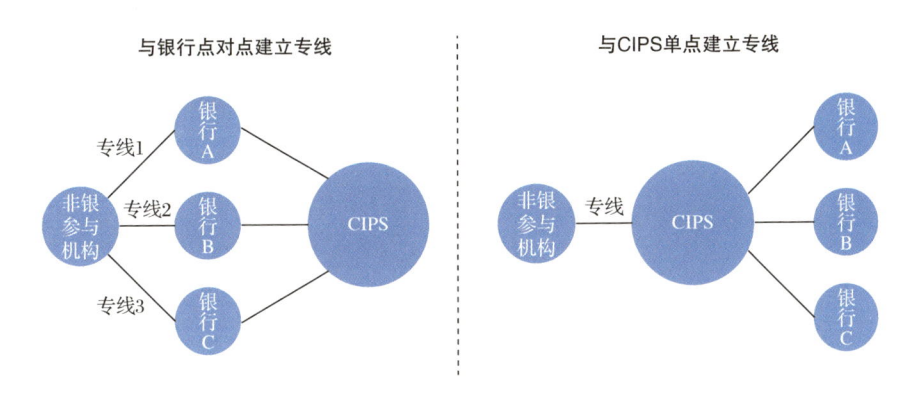

图2　两种网络专线方式对比

四、展望未来，拓展CIPS产品服务在券商领域的应用

"债券通直通服务"上线后，国泰君安证券没有停下创新的脚步。目前，国泰君安证券正在积极与合作银行探讨推进基于CISD的"账户集中可视"功能落地应用。通过CIPS 711对账报文，可以及时获取集团内授权账户信息，助力集团总部对分子公司账户的有效管理，更高效地满足总部集团化管理需求。

在可预见的未来，CIPS产品服务将在券商业务领域得到更广泛、更深层次的应用，进一步便利证券公司跨境业务的开展。国泰君安证券将继续发挥证券公司专业优势，联合金融市场参与各方持续优化跨境清结算模式，向着成为"受人尊敬、全面领先、具有国际竞争力的现代投资银行"的愿景目标砥砺前行，为中国金融市场的对外开放和改革创新贡献更大力量。

国泰君安证券股份有限公司　李君　蔡怡　李鑫　供稿

企业篇
CIPS

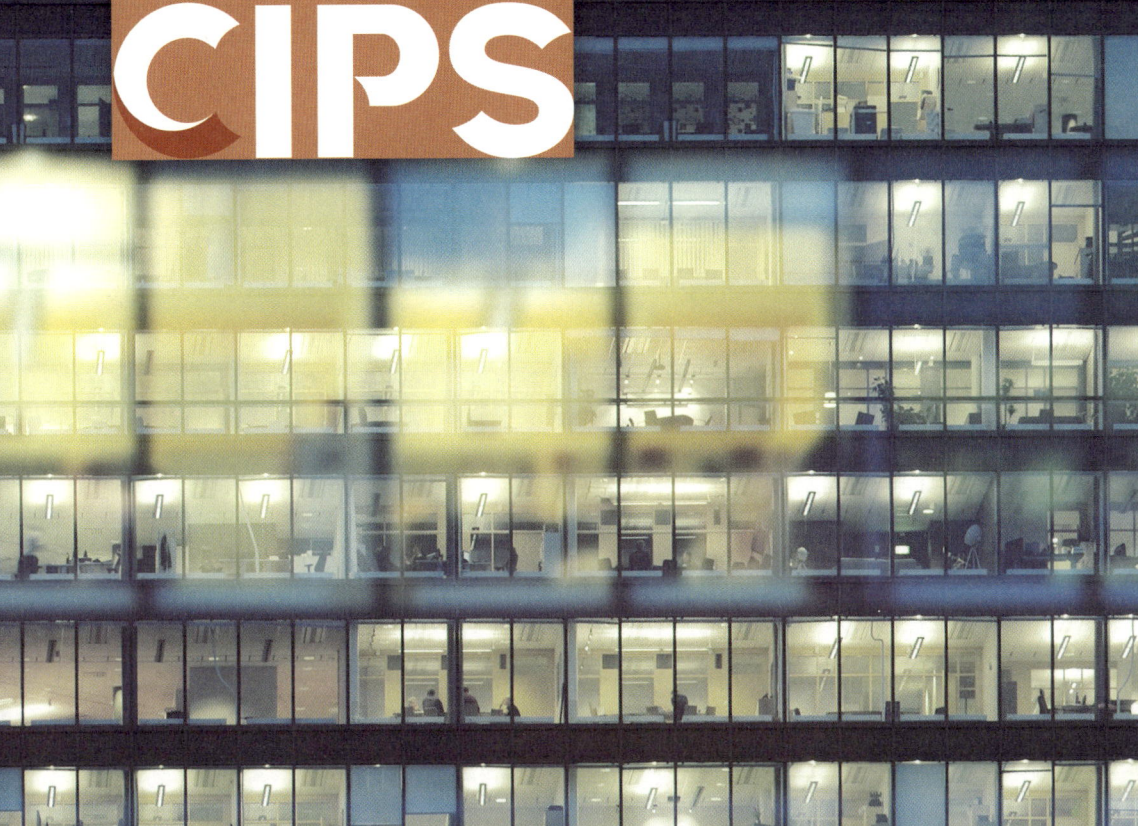

大型央企司库如何建，CISD有妙招

■ 通用技术财务公司

2022年初，国资委陆续发布了《关于推动中央企业加快司库体系建设进一步加强资金管理的意见》（国资发财评规〔2022〕1号）、《关于中央企业加快建设世界一流财务管理体系的指导意见》（国资发财评规〔2022〕23号）等文件，对央企司库建设提出了明确要求。作为核心主业涵盖先进制造与技术服务、医药医疗健康、贸易与工程服务的国有重要骨干企业，通用技术集团在日常业务中涉及大量的跨境结算场景。尽管集团在非直连银行的账户数量相对较少，但如不进行银企直连，则始终会有大量账户游离于集团资金集中管理之外，不符合中央企业全面加强资金等金融资源有效管理的要求；如只依靠银企直连等传统方式推动司库体系建设，则通用技术一家企业需与上百家银行逐一系统对接，面临系统改造大、标准不一、耗时漫长、成本高昂等诸多现实障碍，导致银行账户全部可视、资金可控成为一项不可能完成的任务。

为了解决集团账户可视、资金可控的痛点和需求，通用技术财务公司与跨境清算公司密切协作，共同探讨解决方案。实际上，自2015年CIPS上线以来，通用技术集团在跨境清算公司支持下，借助CIPS安全便捷的资金清算服务，有效降低了国际结算成本和汇率风险，跨境人民币业务规模实现了稳步提升。特别是，2021年CISD企业版推出后，通用技术财务公司作为"内部银行"和"资金中心",结合集团全球司库建设与管理,在跨境支付资金清算与信息传输一体化应用领域积极探索、先试先行,进行了广泛实践和深入探索。

目前,通用技术财务公司通过跨境清算公司研发的CISD终端,正在使用的创新产品服务包括支付透镜、信用证、账户集中可视等,经过一年多实践,切实感受到CISD对跨境清算起到的降本增效作用。

一、CISD跨境汇款,高效又便捷

2021年4月,通用技术财务公司成功上线CISD并在全国首发完成跨境汇款业务,打通了人民币跨境清算的"最后一公里",成为全国首批试用CISD产品的财务公司之一。

CISD可以为财务公司类企业定制生产,通过该产品对接银行的第一感觉就是"快"。从我们的经验看,如果采用传统点对点银企直连模式,以集中收付汇为例,2021年财务公司核心系统与某银行建立系统接口,开发周期大约为1年,如后续与另外5家银行逐一建立集中收付汇接口,需要至少3年的时间。而CISD相关模块上线后,得益于CISD银企接口数据标准统一,"一点接入"便可与多家合作银行建立连接,只需开发一次,全部开发周期可以缩短到1年之内,开发资金投入和时间成本都将大幅下降。

上线CISD后,财务公司的跨境支付业务流程也得到了大幅优化,效率大幅提升。在办理集中付汇业务时,需要根据成员单位付汇申请向银行出具相应的代理付款申请及背景资料。这些付汇材料均采用线下纸质方式,工作量大、办理效率较低。上线CISD后,可以通过线上方式提交付款申请及背景资料,业务办理效率由2天缩短至1小时以内,同时节省了用印、寄单等手续。付款行在收到付款指令后,通过CIPS进行跨境人民币清算,1分钟内即可到账,清算效率大幅提升(见图1)。

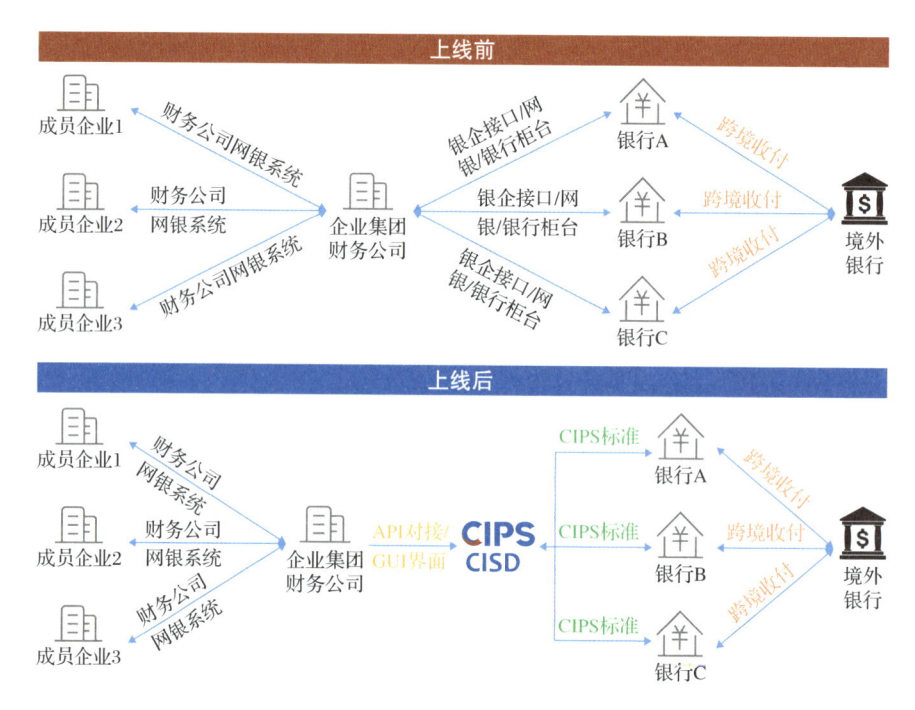

图1　CISD上线前后业务流程对比

二、一面透镜破"堵点"，收付状态实时掌握

2021年12月，通用技术财务公司又第一时间尝鲜试用，率先上线CIPS支付透镜服务功能并成功首批落地CIPS支付透镜业务。

支付透镜能够帮助用户实时查询全流程汇款进度。在没有支付透镜的情形下，往往难以实时掌握汇出款项在付款行、收款行、收款人间的流转进度，一定程度上影响了交易双方的资金安排。

上线支付透镜服务后，可在汇入汇款查询、汇出汇款查询中点击"汇款进度查询"，获取支付最新到达节点、状态、处理时间等信息，便捷掌握资金处理状态，对手方也能实时获取支付进展情况。此外，服务提供资金到账日期预测功能，便于用户管理流动性，节约资金成本。例如，我们在办理集中付汇业务时，通过CISD将付汇申请电子指令推送到付汇银行，付款行根据指令扣款后会向我们即时推送状态"已收款"；在对外付出后，会推送状态"已付出"。境外收款行在收到款项后，会向付款行和财务公司即时推送状态款项"已到账"。整个流程和体验就像收发快递一样实时、透明、可预测。

三、信用证业务线上一站式办理

2022年8月，通用技术财务公司通过CISD向交通银行发送开证申请，并于当日成功对外开出，完成全国首笔CIPS代开信用证业务。

CIPS信用证业务是跨境清算公司基于CISD推出的创新增值功能，可为进出口企业与银行之间信用证业务提供高效、安全、一站式的数字化解决方案，全面支持线上化开证改证、寄单到单、付款收汇等功能，助力市场主体提升国际结算效率。

相较于传统银行网银或银企直连系统，通过CISD办理信用证业务有两个独特优势：第一，信息交互覆盖面更广，线上化程度更高。例如，闭卷申请及回执，大多数银行仍未实现线上化。此前，成员单位办理信用证需要向银行提供纸质开证申请书、改证申请书、承付申请书、背景资料等材料，需要走用印流程并邮寄，银行业务回执也需要纸质线下邮寄，业务办理时效性差，手续烦琐。上线CISD信用证业务以后，上述申请书、背景材料和业务回执均可通过线上完成，在减少工作量、提高效率的同时，数据收集和分析质量也有了很大提升。第二，接口标准统一。只要是上线CIPS信用证业务的银行，通用技术财务公司均可向其发送线上申请、获取回执，无须与各家银行单独开发银企直连系统。

以集团下属成员单位通过银行对外开立进口信用证为例，主要的流程可以分为：（1）成员单位通过CISD向开证行提交线上开证申请书，合同等背景资料作为附件线上传输。（2）开证行对外开出信用证后，开证报文会回传到成员单位业务系统。（3）信用证来单后，来单通知会从开证行传输到成员单位系统，来单影像作为附件传输。（4）成员单位接受信用证不符点，线上提交付款申请。（5）银行对外付款后向成员单位核心系统推送汇款回执。（6）信用证到期后，成员单位线上提交闭卷申请。（7）开证行据此闭卷，释放授信额度，并向成员单位推送闭卷回执。信用证业务全流程实现线上化，业务效率和体验显著改善。

四、账户集中可视，全球账户"一览无余"

2022年9月，通用技术财务公司与中信银行首次实现直连银行账户集中可视并完成全国首笔对成员单位账户余额查询，中信银行通过CIPS报文标准将成员单位本外币账户交易明细、日初日终余额推送至通用技术财务公司。9月22日，通用技术财务公司与广发银行首次实现非直连银行账户集中可视模式。得益于CISD统一的银企接口标准，至2022年底，通用技术财务公司已将此创新试点成功经验复制推广到平安银行、浦发银行和江苏银行3家非直连银行，实现50余家成员单位境内可视账户共70余个，有效提升了账户可视率，为实现集团资金全球可视提供了新思路和新工具。

2023年3月，在跨境清算公司支持下，通用技术财务公司与浦发银行又一次创新合作，率先在香港地区完成了全国首笔CIPS境外账户集中可视业务。在浦发银行总行、北京分行和香港分行的内外联动下，浦发银行香港分行借助CISD，成功将企业境外成员单位在该行的账户余额和交易明细推送给财务公司，包括账户名称、日初余额、期末余额、交易明细等信息。本次创新成果首发落地，成功验证了基于CIPS创新技术，账户集中可视从境内账户进一步拓展至境外账户的可行性，不仅拓展了CISD产品的应用场景，而且丰富了企业集团境外账户管理的工具箱。

账户集中可视是指以CISD为服务工具和载体、ISO 20022为信息交互标准、CIPS为信息交互中枢，实现企业通过一个系统、一套标准对子公司银行账户的全部可视及统一管理。

实际上，上线账户集中可视的过程也非常简便，只需要做好以下准备。（1）上线CISD，统一不同银行间的账户可视接口标准。（2）与CIPS场务端进行直连，通过场务端统一与不同银行交互，代替与多家银行逐一直连。（3）开发自身核心系统，接收账户余额、资金往来明细信息，并传输至集团司库系统。（4）成员单位签署账户信息推送授权书，同意银行向财务公司发送相关信息。完成上述步骤后，合作银行就可以向财务公司推送T-1日账户余额信息和资金往来明细。

账户集中可视与传统银企直连相比，财务公司不再需要与银行搭建直连专线，即可在所有与CIPS直连的银行办理业务，这是"一点接入"带来的独特优势。第一，节省了技术开发成本。对于大型央企而言，下属成员单位在数十家甚至上百家银行开立账户是很常见的，如果财务公司通过点对点方式与所有账户行建立银企直连，无论从时间和资金成本角度看，还是从统一管理角度看，都有较大难度。通常，财务公司新增一家直连行，专线年费需要数万元，系统开发费需要数十万元。账户集中可视创新服务推出后，通过CIPS网络每新增直连一家账户可视银行，无形中就为财务公司节省了数十万元的专线费用和开发成本，有助于企业以更快速度、更低投入统一标准，加快司库体系建设。第二，节省了业务费用。传统跨境信息传输系统开展账户可视服务每年需支付数十万元费用，而CISD免费提供各项增值功能和服务，为使用者降低了业务成本。第三，安全性大幅提升。CISD采用国产技术，可以更好地保护交易主体的信息安全和资金安全，提高财务公司境外资金和国际收支的安全性。第四，服务范围更广。CIPS账户集中可视产品对境内、境外、本币、外币账户均适用，无需企业集团针对不同国家、不同币种选取不同的账户可视方式，操作模式更加统一。第五，账户数据准确性更高。通常，非直连行账户需要成员单位自行把账户余额、交易明细数据导入集团司库系统，如成员单位忘记导入或者延迟导入，集团无法及时发现，存在一定管理风险；而导入数据需要的人工操作也会产生一定工作量。上线集中可视后，各银行每日按统一接口标准自动推送成员单位账户前一日余额、交易明细信息到财务公司核心系统，再由核心系统推送至集团司库系统，无需人为干预，数据每日更新，既减少了工作量，也提高了数据准确性和及时性，加强了集团对账户和资金的管理能力。

五、同户名资金调拨，轻松实现资金调配

2023年3月，通用技术财务公司与中信银行在CISD的创新应用上再下一城，共同完成了全国首笔同户名资金调拨业务。

该笔资金调拨业务的付款行为中信银行，收款行为财务公司指定的其他同户名账户行。财务公司通过在核心系统发起调拨指令，经审批后通过CISD将调拨指令发往付款行，付款行在接收到指令后进行相应付款操作。

同户名资金调拨业务既能调拨本币，也能调拨外币。以美元调拨为例，以往财务公司资金调拨业务通常采用线下纸质传递或前往银行柜台办理，从时效性和安全性角度看，线下纸质传递和银行柜台办理模式需要经过填单、盖章、邮寄/派员前往银行、银行签收、核印、柜台处理等一系列环节。上述基于CISD的创新落地后，不仅大幅提升了财务公司同户名资金调拨业务的时效性和安全性，还明显减少了财务公司头寸调拨的工作量和提前量。资金调拨的业务电子指令从财务公司核心系统发出，通过基于CISD的安全传输渠道发到付款行系统，信息传输全流程实现无纸化、全自动和秒到达，避免了线下纸质单据传递的丢失、毁损、延时等风险；操作人员省去了纸质填单、盖章、邮寄等手工操作，也无需再为资金调拨业务处理提前1~2个工作日的提前量，可更高效做好财务公司跨银行头寸管理。此外，基于CISD接口标准统一的特点，财务公司与一家账户行的接口测试上线后，无需重新开发接口即可直接与其他账户行复制推广使用。

六、全额汇划，轻松实现费用锁定，全额汇达

2023年6月，在跨境清算公司支持下，通用技术财务公司协同交通银行、中银香港为中仪公司及其下属香港仪泰公司完成CIPS全额汇划全国首发业务。

CIPS全额汇划服务是指跨境汇款中汇款路径上，各银行根据约定的业务规则要求进行汇款业务办理，实现费用锁定、全额汇达。根据成员单位的需求，该笔汇款为全额到账类型，各银行按全额到账要求办理汇款业务。汇款完成后，银行通过同业账户收取相关手续费或者发起索款。

该笔业务汇款金额为人民币200万元。汇款当日，香港仪泰公司收到全额200万元。交通银行北京分行收到中银香港手续费索费报文，并转发通用技术财务公司。通用技术财务公司据此代中仪公司对手续费进行支付，实现了收款单位全额到账、款项与费用分离、索费路径清晰的效果。

CIPS全额汇划服务进一步丰富了跨境人民币资金结算模式，将为进出口企业使用跨境人民币进行结算带来便利，帮助企业更精准管理资金流动性。

七、展望未来

自CIPS上线以来，通用技术集团的跨境人民币业务不断增长，累计办理的跨境人民币业务超过300亿元。未来，通用技术财务公司与跨境清算公司将在司库建设、境内外结算等领域开展更加广泛的合作。通用技术集团系统架构规划如图2所示。

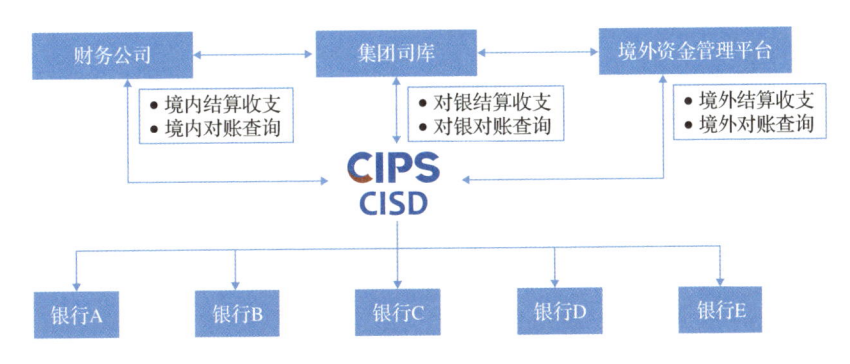

图2 通用技术集团系统架构规划

集团司库是集团对其成员单位的信息管理系统，是与金融机构交互信息的数据源头。财务公司是集团的全资子公司，是集团境内资金管理平台，协助集团完成境内资金管理。境外资金管理平台，是协助集团完成境外资金管理的指定全资子公司。集团成员单位可依托司库系统、财务公司、境外资金管理平台与银行交互信息，完成业务申请和办理。总体上看，未来3~5年，在集团"十四五"规划引领下，司库系统、财务公司、境外资金管理平台与合作银行的所有可标准化接口均可通过CISD对接并进行信息交互，真正实现"一点接入，全网联通"。

通用技术财务公司　冯松涛　张浩远　陈光　供稿

便利化政策和创新产品，推动车企跨境人民币业务成长蜕变

■ 上汽财务公司

上海汽车集团财务有限责任公司（以下简称上汽财务公司）作为汽车行业第一批财务公司，始终以服务上汽集团主业为初心使命。成立之初，上汽财务作为非银金融机构面临着不小的困难险阻，经过不懈努力，目前已成为中国汽车行业资产规模和盈利能力双双领先的财务公司。在国家便利化政策引导、CIPS高效服务下，集团企业使用人民币意愿不断增强，跨境人民币业务发展驶入"快车道"。

一、创新赋能，"内部银行"转型汽车金融翘楚

上汽财务公司成立于1994年5月，是汽车行业第一批财务公司，设立初衷是为加强集团企业资金集中管理，提高集团企业资金使用效率。作为上汽集团的"内部银行"，成立之初上汽财务公司主要开展存贷款、结算等传统业务。

近年来，在创新引领发展的理念下，上汽财务公司自主研发了60余项公司级重大创新产品，众多产品业内领先，大大提升了上汽财务公司的核心竞争力，取得丰硕成果。最有代表性的产品是自主开发了现金管理系统，由于

在产品规划时就结合集团企业的实际需求设计了当时商业银行所不具备的众多重要功能模块，并可以根据不同企业进行个性化的改进，不但打开了市场，也成为多年来上汽财务公司不断提升各项业务占比的有力武器，牢牢树立起上汽财务公司的现代化品牌。

基于优秀的风控能力和创新能力，上汽财务公司多次成为监管部门新产品和新业务的试行者和准入者，先后获得产业链融资试点、电票试点和电票线上清算等资格；国际业务方面，上汽财务公司先后获得金融衍生产品交易、国际收支间接申报、跨国公司跨境资金集中运营等多项资质。特别是2019年成功上线"数字国际"平台，集团企业可以通过"数字国际"入口全线上办理TT汇入汇出、进口信用证、出口信用证以及进口代收等各类业务，基本实现了跨境结算业务的全覆盖，且支持各项跨境结算支持性文件的线上传输，为集团企业在疫情特殊时期下的正常生产经营保驾护航。经过三年多对"数字国际"平台的不断优化升级，目前几乎所有集团企业均通过上汽财务公司的"数字国际"平台办理跨境结算业务，全线上跨境结算方式极大地增强了集团企业的黏性，从而有效提升了上汽财务公司跨境业务平台的价值。

二、后来居上，跨境人民币业务蓬勃发展

2011年12月，从协助集团企业完成第一笔跨境人民币付汇开始，上汽财务公司跨境人民币业务正式起步。十多年来，随着人民币国际化不断发展，人民币作为全球支付货币功能稳步增强，投资、储备与计价货币功能逐渐显现。受益于此，上汽财务公司跨境人民币业务也迅速增长，结算量逐年提升，从2011年的2万元增长至2022年的100多亿元。目前，上汽财务公司跨境人民币使用已超过欧元，成为美元之后的第二大结算货币，跨境人民币业务占国际结算总量的20%以上（见图1、图2）。

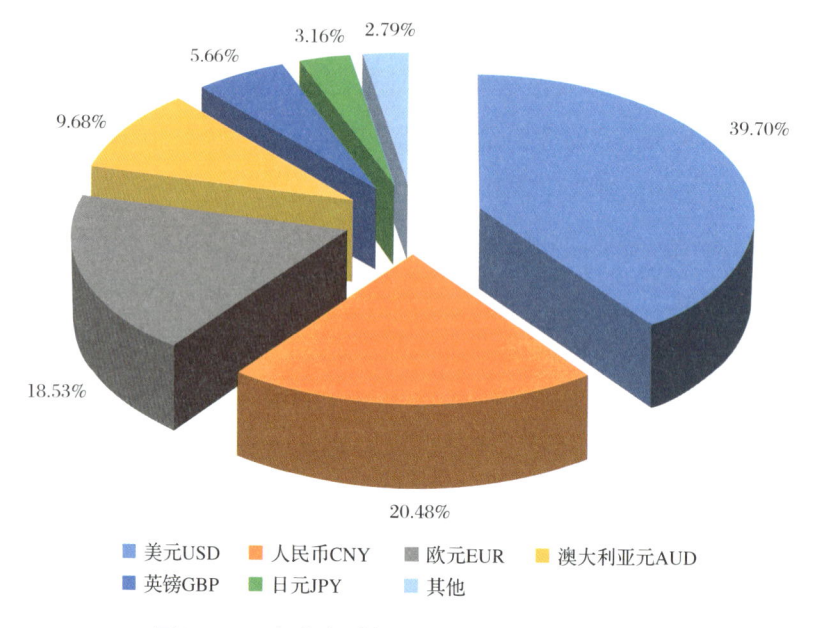

图1 2022年上汽财务公司国际结算各币种占比

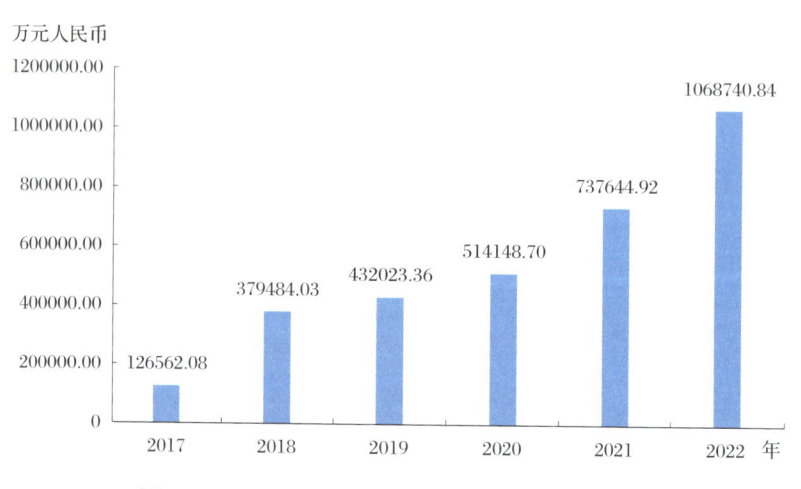

美元USD 39.70%
人民币CNY 20.48%
欧元EUR 18.53%
澳大利亚元AUD 9.68%
英镑GBP 5.66%
日元JPY 3.16%
其他 2.79%

图2 2017—2022年公司跨境人民币结算量走势

年份	金额（万元人民币）
2017	126562.08
2018	379484.03
2019	432023.36
2020	514148.70
2021	737644.92
2022	1068740.84

随着上汽集团海外经营战略日益深化，上汽集团近年来国际贸易规模持续提升，使用跨境人民币进行跨境结算的范围也在不断扩大，目前集团企业使用跨境人民币结算的范围已从原来的货物贸易逐步拓展到服务贸易及资本项下利润汇出等，金额也明显增长。跨境人民币使用范围和金额双双扩大的

原因主要有以下三个方面。

一是规避汇率风险。对于集团企业尤其是进出口贸易量较大的企业，如何贯彻落实汇率风险中性，做好现金流预测以及成本分析越来越受到管理层的重视。上汽财务公司也积极向集团企业宣传跨境人民币结算的重要意义，为集团企业规避汇率风险提供实质性帮助，跨境人民币结算在帮助企业规避汇率风险中的作用越发凸显。

二是人民币国际化不断深化。人民币在国际上的影响力今非昔比，越来越多的境外企业开始接受人民币作为其贸易结算货币。最初，从与东南亚企业交易时会使用人民币进行结算，逐步发展到与欧美企业也更多地使用人民币作为结算货币。这一点在上汽集团成员企业的货物贸易和服务贸易跨境支付上来看尤为明显，从整车厂到零部件企业，越来越多的外方交易对手正在逐步接受甚至主动要求以跨境人民币方式支付。

三是人民银行推出的一系列跨境人民币便利化政策举措让更多优质企业受惠。获批享受便利化政策的优质集团企业在其经营范围内可凭借《跨境业务人民币结算收/付款说明》或收付款指令直接办理跨境人民币项下货物贸易（转口贸易及退款除外）、服务贸易以及人民币资本金、跨境融资（含全口径跨境融资及外商投资企业投注差模式下的外债）的收付业务，无需事前逐笔提供真实性证明材料，这极大地便利了集团企业的跨境人民币收付，大幅提高了资金周转效率，获得热烈响应和一致好评。越来越多的集团企业切实感受到了政策红利，愿意积极使用人民币。

三、敢为人先，首批上线使用CIPS终端产品

考虑到跨境人民币业务将在未来有更进一步发展，早在2020年底，跨境清算公司在研发创新终端产品——CISD过程中，上汽财务公司第一时间积极响应，经过与跨境清算公司多次交流探讨，同时结合自身数字化转型的要求，在2021年5月作为全国范围内首批上线的非银行金融机构，并成为首批以API数据接口接入方式的非银行金融机构，实现集团企业通过"数字国际"入口提交收

付款指令、"数字国际"平台自动分派结算指令通过标准接口至CISD的全线上跨境人民币的结算流程。截至2022年底，上汽财务公司先后与建设银行、交通银行及工商银行快速搭建了基于CISD的清算体系，运用各家银行自身优势，为集团企业提供优质的跨境人民币结算服务，给予集团企业全新的体验。

（一）集团企业跨境支付效率和便捷性大幅提升

借助标准化、流程化、自动化的业务处理方式，上汽财务公司将CISD与自身"数字国际"通过技术手段实现无缝对接，通过"数字国际"平台实现从提交结算指令到合规性审核再到完成跨境收付的全流程闭环业务处理，全程无需人工进行落地调整或补录，在确保数据完整性、准确性的同时，极大地提高了跨境人民币业务的业务处理效率，减少人工干预。

同时，CIPS "5×24小时+4小时"不间断运行时序充分满足了集团企业与各个时区交易对手的业务往来，跨境人民币的汇划速度更快，进一步提升了集团企业资金使用效率。经过一段时间观察，通过CISD进行的跨境人民币收付款业务处理效率较传统SWIFT清算路径能够大大缩短资金到账时间。原先需要T+1甚至T+2到账的汇款，通过CISD一般都能在半个工作日内完成。除去合作银行的处理时间，实际资金在途时间可能仅需半个小时，对集团企业的资金使用效率产生进一步的提升。例如，德国一家采购商向集团某成员企业支付跨境人民币货款，由于与德国有7个小时时差，当地企业、银行上午9点上班时，国内已经到了下午4点，以往跨境汇款需等下一个工作日境内银行才能处理，因为标准不统一还经常需要人工干预，有时可能需要2天以上才能完成汇款。使用CISD开展跨境人民币结算后，由于标准统一、人工处理环节少，基本可以实现当日到账，集团企业的收款时效显著提升，出口收款业务效率大幅提高（见表1）。

具体到每种类型的业务来看，在处理付款时，上线CISD前，上汽财务公司与合作银行的汇款数据通过SWIFT报文形式进行传输，合作银行在收到SWIFT报文后往往需要落地到经办支行处理，对交易编码、交易附言等国际收支申报信息进行补录后，才能通过经办支行流转至分行业务处理中心再对外发报。上线CISD后，借助标准化的报文格式，汇款信息可以直连合作银行业务处理中心处理，免去落地经办支行的流程，将跨境人民币的汇款效率进一步提升，给予了集团企业便捷、迅速的付款体验。

在处理收款时，上线CISD前，上汽财务公司往往要等到日终才能收到银行传真的纸质汇入汇款通知，并由合作银行合并办理跨境人民币的收款入账。上线CISD后，由于实现了直通，由合作银行业务处理中心自动完成入账及汇入汇款报文的传输，实现实时入账，结合人民银行的跨境人民币收付便利化政策，无需人工进行干预，最快可以在半个工作日内完成从汇款行汇出到为集团企业办理入账。

在对账时，上线CISD前，财务人员在日终时要将公司内部账务系统与银行网银记录进行手工对账。上线CISD后，通过功能扩展，上汽财务公司将CIPS.711报文与CIPS.111报文作了勾稽关系，在收到111报文时系统会自动比对711报文，实现了系统自动对账功能，节省了人工对账环节。

表1　上线CISD前后业务流程对比

业务场景	上线CISD前	上线CISD后
付款	1. 合作银行收报 2. 将报文落地到经办支行 3. 经办支行补录国际收支申报等信息 4. 经办支行流转至分行业务处理中心对外发报	直连合作银行分行业务处理中心
收款	1. 日终时收到银行传真汇入汇款通知 2. 银行合并办理跨境人民币的收款入账	实时入账
对账	日终时财务人员将公司内部账务系统与银行网银记录进行手工对账	报文自动对账

（二）安全性得到有效保障

实现国产自主可控，收付款数据安全得到保证。目前CISD支持LEI码、CIPS ID及BIC CODE作为身份识别，借助ISO 20022金融业通用报文方案，数据的安全性得到了保障。同时，CISD作为人民币跨境收付的重要载体，通过采用TONGLINK中间件等一系列自主可控的软硬件设备，能够实现大规模金融级别信息的高速可靠传输，提升了跨境人民币收付信息的安全性。

（三）跨境支付成本明显降低

相较国际主流金融信息传输平台每年需支付固定运维费用，且每笔业务都需逐笔的报文费用，CISD投入的固定成本更低，仅前期需一次性投入服务器等固定资产及系统架构建设成本，后续暂不按笔收费，基本没有其他费用，大大降低了运营成本。通过CIPS提供的汇路优选功能，收付款人的综合费用也明显降低，切实帮助实体经济减少了财务费用。

（四）享受更个性化的支持和服务

作为非银行金融机构，上汽财务公司与商业银行存在一定差异，传统的国际主流金融信息传输系统主要应用于商业银行，报文设计也主要面向银行用户，并不完全适用于财务公司这类主体，也缺乏相应的个性化服务和支持。而CISD则对财务公司适用性更强，在上线前，跨境清算公司基于上汽财务公司自身的特点，从报文的格式、栏目以及技术支持方面都给予了较多帮助，使上汽财务公司更好地使用CISD，也更贴合上汽财务公司的业务实际。

四、未来可期，跨境人民币支付生态圈正在形成

2023年伊始，商务部和人民银行联合印发《关于进一步支持外经贸企业扩大人民币跨境使用　促进贸易投资便利化的通知》，提出了便利各类跨境贸易投资使用人民币计价结算，推动银行提供更加便捷、高效的结算服务，积极创新产品服务，依托自贸区促进人民币跨境使用等一系列要求，为人民币跨境使用创造了良好的政策环境。作为上汽集团下属的非银行金融机构，上汽财务公司将依托CISD等创新产品全力推广跨境人民币业务。未来，随着CIPS不断发展壮大，可以预见CIPS支付结算网络将更好地赋能金融机构服务企业，帮助对接交易对手及其合作金融机构，选择最优资金清算路径，并顺利办理跨境资金收付。这一愿景如能实现，不仅满足了企业多元化跨境资金收付需求，更重要的是发挥CIPS"主渠道"作用，构建了连通全球银行、企业的跨境支付生态圈。

上汽财务公司　缪堃元　毛磊　供稿

履行央企责任担当，促进经济双循环发展

■ 鞍钢财务公司

近年来，随着国家逐步扩大"一带一路"倡议部署，鞍钢集团积极响应央企"走出去"战略，集团国际化经营、跨境贸易、清算、结算等国际业务不断增加，为保证鞍钢集团在国际贸易中的资金使用安全、便捷高效，鞍钢集团财务有限责任公司（以下简称鞍钢财务公司）作为企业集团非银行金融机构，充分发挥"四个平台"作用，2021年初顺应人民币国际使用潮流，携手金融科技开发团队第一时间上线CISD企业版，顺利完成了跨境人民币结算场景搭建，实现新一代财资管理系统与CIPS直连，为鞍钢集团国际化经营和资金安全提供了有力保障，也为提升人民币国际化地位、履行央企担当起到积极促进作用。

一、立足本职，服务集团企业跨境资金管理

鞍钢财务公司的母公司鞍钢集团被誉为"共和国钢铁工业的长子""新中国钢铁工业的摇篮"。长期以来，集团坚持"制造更优材料，创造更美生活"使命，创新、求实、拼争、奉献，打造高质量发展新鞍钢，着力建设国内钢铁行业高质量发展的排头兵，努力成为具有全球竞争力的世界一流企业。目前，鞍钢集团已拥有32家境外公司及机构，500多家境内外客户及合作伙伴，

产品销售覆盖全球70多个国家和地区，是众多国际知名企业的全球供货商。

鞍钢财务公司成立于1998年4月，作为企业集团唯一的资金管理平台，在跨境资金管理方面，负责资金运作，防范化解资金风险，提高资金使用效率。鞍钢财务公司作为集团跨境资金主办机构，先后于2014年9月、2016年11月获批取得跨国公司外汇资金集中运营管理资质和跨国双向人民币资金池资质。鞍钢集团跨境资金管理机制可概括为"一个阀门、一个通道、三个池子"，"一个阀门"指的是境内外资金融通额度控制，任一时点外债通道净融入的资金不得超过参与企业集中外债额度，对外放款通道净融出的资金不得超过参与企业集中对外放款额度；"一个通道"指的是"国内外汇资金主账户"构成的外债通道与对外放款通道，通过系统对其进行双向总量管控，通道额度内资金可直接划转；"三个池子"指的是境外外币现金池、境内外币现金池和境内人民币现金池，境内外币现金池和境内人民币现金池归集于鞍钢财务公司，境外外币现金池归集于鞍钢香港国际投资有限公司，该公司由鞍钢财务公司负责日常经营管理。

二、金融助力，集团企业跨境贸易不断攀升

鞍钢集团作为钢铁基础材料"龙头"企业，充分融入国际国内产业链、供应链体系，扮演着重要角色，在支撑经济建设、社会发展、财政税收、国防建设以及稳定就业等方面发挥着重要作用。鞍钢财务公司在支撑集团发展上，贯彻"7531""双核+第三极"战略部署，助力集团建设世界一流企业。鞍钢跨境业务涉及钢铁产品出口、大宗原燃材料进口、国际工程承包、机电产品出口、成套设备及备品备件进口等方面，鞍钢财务公司通过集团企业海外分支机构及境内外合作伙伴，协助企业广泛开展海外贸易、投资与合作，鞍钢的品牌、产品实物质量和售后服务等在国内外市场享有较高的知名度和美誉度。随着鞍钢"走出去"的步伐越来越大，国际化经营结算主要币种不断丰富，由过去的美元、欧元、澳大利亚元等主要国际货币逐渐向人民币结算转变（见表1、图1、图2）。

表1 近年跨境资金主要货币结算情况

单位：万元

年份	美元	人民币	欧元	澳大利亚元	港元
2017	270	0	0	10500	0
2018	20958	1020	0	303	185000
2019	38307	1020	0	852	0
2020	11952	283622	0	417	0
2021	220	97045	96	173	3273
2022	148	283544	86	10182	0

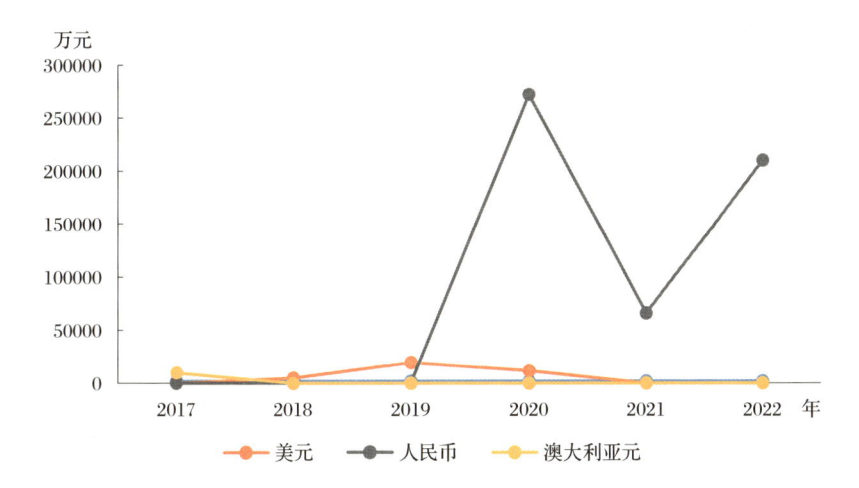

图1 近年跨境三大主要货币流入情况

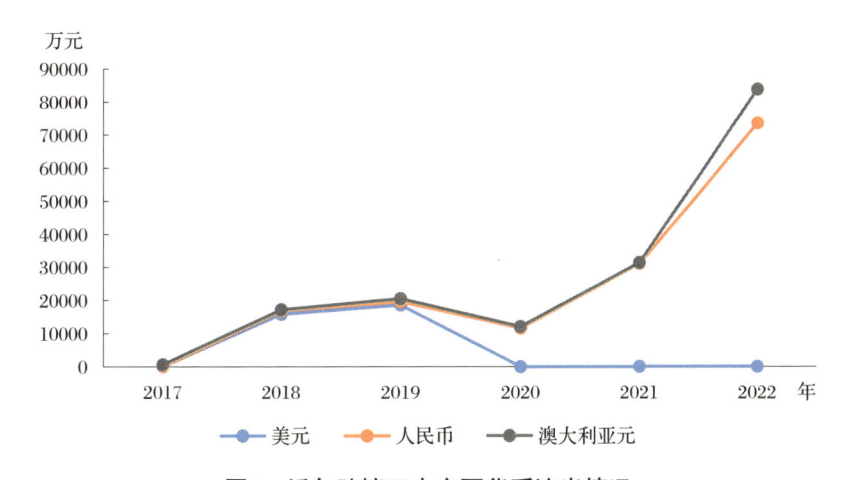

图2 近年跨境三大主要货币流出情况

鞍钢集团为保证在国际贸易中的资金安全、便捷高效，履行央企钢铁"长子"责任担当，在跨境贸易中不断创新，扩大跨境人民币结算规模。2020年5月，鞍钢国贸公司向力拓集团开立了总金额2.6亿元人民币的区块链电子信用证，标志着鞍钢集团在大宗原燃料进口采购方面与全球铁矿石巨头应用区块链技术，实现人民币跨境结算的新突破。鞍钢国贸公司与力拓集团铁矿贸易人民币跨境结算，是彰显央企担当、推动人民币国际化进程的里程碑事件。自鞍钢财务公司财资系统与CIPS直连以来，已累计开展跨境人民币业务37.9亿元（见图3），其中，入境人民币10.3亿元，占比为27.2%；出境人民币27.6亿元，占比为72.8%，进一步降低鞍钢集团在国际产业链体系中的汇率风险。鞍钢财务公司积极完善和提高跨境资金全流程线上化，以对接CIPS为依托，应用云交易等数字化新技术，提高国际化供应链交易效率，降低交易成本，化解跨境金融风险，创新跨境人民币结算交易模式，助力鞍钢集团高质量发展。

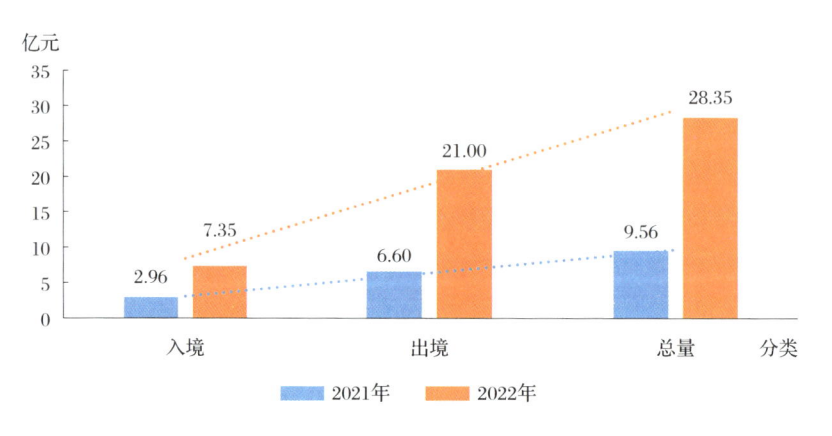

图3　CIPS直联后跨境人民币结算走势

三、科技赋能，跨境人民币结算便捷高效

鞍钢财务公司聚焦"数字鞍钢"建设重点任务和"十四五"信息化发展规划总体安排，加快推进数字化、智能化、信息化建设，强化顶层设计，制

订公司数字化转型方案，明确管理智慧化、业务智能化、服务数智化路径，"十四五"期间共确定信息化建设6大类54项重点工作任务，把CISD企业版开发作为年度重点项目推进，取得显著效果。

（一）国内首批财务公司通过CISD实现与CIPS直连

2021年初，鞍钢财务公司金融服务系统1.0上线不久，在跨境清算公司支持下，鞍钢财务公司把开展与CIPS对接工作纳入当年金融科技创新重点项目加快推进，迅速组织开发商结合企业自身情况，在鞍钢财资管理系统上进行适配改造，并于2021年3月底完成与交通银行的开发对接，成为国内首批直连企业，首笔业务于同年4月25日由鞍钢（澳洲）卡拉拉铁矿向鞍钢财务公司跨境支付金融服务费用169元人民币。

CISD上线前，开展跨境收款业务需要在境外企业付款前，向当地主办银行提供结算收款说明、涉外收入申报单、贸易合同、发票等背景资料，这些手续需要境内外合作银行反复审核，时间长、效率低，从审核、发起付款指令到收到款项，一般需要1~2天甚至更长时间，曾经发生过因为付款时间长影响货物交付的情况，资金结算问题一直困扰着鞍钢集团开展跨境货物贸易的境内外企业。CISD上线后，该笔169元人民币试验性付款业务，背景资料一次审核，通过CIPS电子传递，仅用不到1小时即实现了资金到账，而且该笔跨境人民币结算业务由卡拉拉铁矿向境内鞍钢财务公司直接进行人民币清算，减少了过去需要澳大利亚元与人民币兑换的中间过程，大大降低了汇率成本和时间成本，清算流程简化高效，实现跨境资金业务即时到账，丰富和完善了集团跨境支付结算渠道，避免了过去跨境结算链条长、周期长、程序复杂、风险高等不利因素。

（二）通过CISD实现与多家主办银行对接

由于鞍钢财务公司有多家跨境业务主办银行，结合自身业务需要，2021年10月又启动了与建设银行CISD的开发建设，并于当年底完成系统适配，进一步丰富了集团企业跨境资金结算渠道。2022年10月9日，鞍钢矿业在资金系统客户端发起指令，通过CISD与建设银行成功办理跨境人民币境外放款15亿元人民币，借款人鞍钢（澳洲）卡拉拉铁矿成功入账。

一直以来，鞍钢集团向境外企业放款，需要SWIFT网络通过主办银行向境外合作银行发起付款指令，审批周期长、操作复杂、资金到账慢，长期影响集团跨境业务发展。在本次业务中，境内操作人员足不出户，通过鞍钢财务公司资金系统网银端发起支付指令，鞍钢财务公司系统自动受理，API接口直接将指令通过CIPS网络传递到境外企业主办银行，改变过去需要操作人员前往跨境主办银行柜台办理业务的模式，从业务发起、指令发送、信息核实、付款信息回传到账务处理全部实现系统线上化处理，境内企业无须线下提供纸质材料，鞍钢财务公司和银行之间"分分钟"完成业务对接，改变过去业务落地、人工处理的烦琐过程。以前半天只能干一件事，现在在办公室动动鼠标就能"秒完成"，这是业务人员的真实感受。本次15亿元人民币跨境付款业务，相比原来的SWIFT路径，效率更高、速度更快、操作更简便，使鞍钢财务公司服务集团企业手段更加灵活、高效，受到境内外成员企业的高度评价。

展望未来，随着CIPS功能和服务逐步向下延伸，所带来的网络效应将惠及更多境内外金融机构、企业、终端用户，切实提升跨境人民币清算的效率和安全性。作为传统制造行业的非银行金融机构，鞍钢财务公司将立足服务集团企业，紧密融入国内国际双循环，依托CIPS不断壮大的跨境清算网络，利用CISD功能和服务，为集团成员企业提供即时、完整、便捷的跨境金融服务，构建国际化、多元化、线上化的跨境产品服务体系，不断扩大跨境人民币结算"朋友圈"。

鞍钢财务公司　李之奇　赵爱英　供稿

企业篇

积极推进CIPS创新应用，助力跨境业务数智转型

■ 五矿财务公司

作为以金属矿产为核心主业的国有重要骨干企业，中国五矿集团有限公司是金属资源保障的主力军、冶金建设运营的国家队。中国五矿集团有限公司很早就"走出去"开展国际化布局，目前经营范围已遍布全球26个国家和地区，拥有金属矿产、冶金建设、贸易物流、金融地产"四梁"，矿产开发、金属材料、新能源材料、冶金工程、基本建设、贸易物流、金融服务、房地产开发"八柱"组成的庞大业务体系。

五矿集团财务有限责任公司（以下简称五矿财务公司）是五矿集团内部金融服务平台，随着集团规模不断扩大、业务日益增长，五矿财务公司以保障集团资金安全、提高资金使用效率为目标，不断夯实"资金归集平台、资金结算平台、资金监控平台、金融服务平台"四大功能，为集团主业发展提供强有力的金融服务支撑。

一、跨境人民币集中收付业务稳步增长

由于中国五矿境外项目较多，财务公司国际业务起步较早，是国内首批获得跨境集中收付、即期结售汇、跨国公司跨境资金集中运营业务资质的财务公司，长期致力于打造国际业务集中平台，提升服务集团企业能力，推动

业务高效集约处理。目前，已成为集团国际贸易结算枢纽、外币交易平台和跨境资金通道。

自2009年跨境贸易人民币结算试点以来，国务院、人民银行及相关部门不断优化调整人民币跨境业务政策，企业在对外贸易和投资中使用人民币越来越便利。近年来，集团内进出口企业也从使用外币为主逐步转向以人民币计价结算，目前人民币已稳居集团内国际贸易的第二大计价货币。为更好服务集团企业使用人民币，五矿财务公司复用前期在外币集中收付业务中建立的制度体系、系统支持、结算流程、业务渠道基础，大力开展跨境人民币集中收付业务，近几年跨境人民币结算量逐年上升（见图1）。

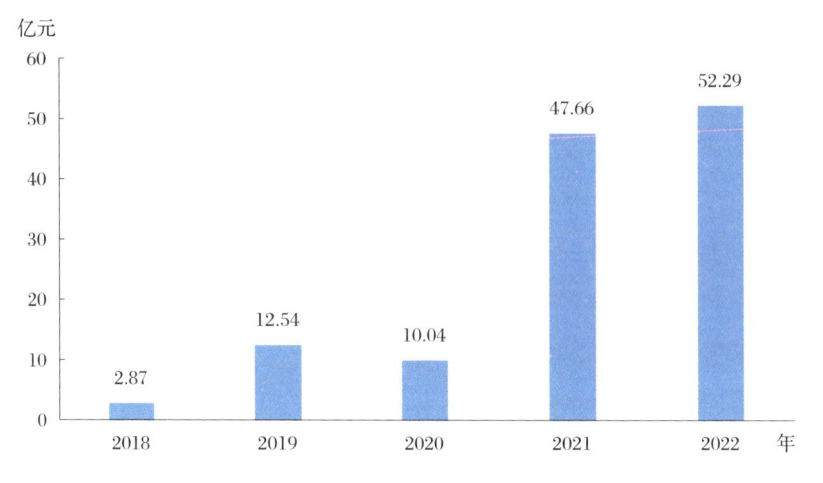

图1　2018—2022年五矿财务公司跨境人民币结算量

二、投产上线CIPS终端产品，推动跨境业务数智转型

央企财务公司开展跨境集中收付业务能够有效提升集团资金集中支付效率和集中度，但由于跨境业务涉及在不同司法管辖区进行资金汇划，与境内支付相比手续相对繁杂，在传统国际业务模式下，无法做到全流程线上办理，特别是单据真实性审核、汇款指令发送均需通过线下纸质单据办理，不仅效率低，还存在一定风险。

为提升跨境资金管理效率，2021年7月，五矿财务公司作为北京首批企业成功上线CISD企业版，率先开展业务试点；2021年9月，财务公司与交通银行北京市分行在中国国际服务贸易交易会首钢园区服务贸易合作成果发布会上签署《CIPS业务合作框架协议》，推进跨境支付结算银企深度合作；2021年12月，全国首批通过CISD API（应用程序接口）全直连，率先实现跨境结算全线上一体化。

五矿财务公司依托"金融+科技"力量，与交通银行开展深度业务合作，利用CISD不断创新跨境业务应用场景。

（一）支持跨境付款业务在企业司库系统闭环处理

充分利用CIPS独立自主和安全可控优势，基于API接口，实现司库系统与CIPS直连，跨境结算业务全流程、一体化、全线上操作，支持付款业务相关资料在司库系统端电子化上传和审批。所有业务数据均通过线上传输，经CISD最终传输至银行，确保数据安全完整不被篡改，充分满足成员企业本外币跨境业务场景需要，进一步保障资金支付安全。

（二）支持成员企业外币跨境支付线上办理

在CISD项目实施过程中，财务公司努力挖掘多元化场景，基于银企间通道，在跨境人民币结算基础上增加美元、欧元等多币种结算支持，不仅为成员企业提供了优质的人民币跨境支付清算服务，还推动支持成员企业线上办理外币跨境支付业务。集团旗下进口企业主营商品为铜、铁矿石、焦炭等大宗金属矿产品，按目前的国际惯例和境外出口方结算要求，大部分仍需使用美元结算。借助CISD渠道，这些企业的外币跨境付款也可以像人民币跨境付款一样，在线向付款银行发送付款指令及影像背景材料，实现了本外币付款业务的线上化、一体化办理，高效便捷地满足了企业跨境付款业务需求。

比如，集团一家境内矿产品进口企业向境外出口方支付跨境美元货款，在CISD上线前一直只能采取线下汇款方式通过财务公司付款，办理汇款时需要打印纸质汇款单据，并经过企业用印、财务公司用印、纸质材料传递、银行线下审批等流程，在境外出口方严格要求收款期限的情况下，一般至少要提前一天向银行提交付款手续，如遇到汇款材料不足或需要修改的，则可能需要花费数天才能顺利汇出款项。CISD上线后，由于付款办理流程全部可以通过财务公司司库系统线上办理，付款指令电子发送至银行，单据真实性审核也实现了电子审单，即使汇款材料需要修改也可通过CISD路径线上即时退回，更正后上传新的汇款指令及电子材料，大大节省了操作人员反复改、来回跑的时间，汇款时效由原来的至少一天以上缩短到半天以内，效率显著提升。该企业尝到"甜头"后，已经要求所有可经由CISD办理的汇款业务全部改用CISD方式汇出。

（三）支持业务异地办理

五矿财务公司在各类业务场景灵活运用CISD，进一步解决了异地成员企业跨地区付款指令的发送及国际业务单证审核问题，将财务公司跨境结算服务区域从北京扩大到全国。以往，异地企业办理跨境付款或境内外币汇款只能通过自己在当地的开户银行柜台或企业自有网银进行办理，汇款及结算流程游离于集团司库系统之外，不符合央企集团境内成员企业通过集团统一结算平台办理各项资金结算，实现结算全流程线上审批和电子交易的监管趋势。CISD上线后，异地企业也纳入了集团统一结算平台的资金支付流程体系，可以通过集团司库系统使用财务公司银行账户统一办理跨境支付及外币汇款业务，资金结算流程得到完善规范，结算集中度进一步加强，有效助力集团集中跨境结算和资金风险监控。

三、CISD助力财务公司跨境支付更加便捷、安全、高效

从便捷性和效率看，CISD建立了一个银企间标准化、智能化、便利化的跨境业务处理和信息交互模式，成员企业可通过财务公司资金系统网银端接入CIPS，无须另外安装客户端或网银即可使用，全线上完成跨境付款业务，汇款便捷、可视化程度高。此外，传统方式下，办理一笔跨境业务需要手工

填制并传递纸质汇款单据，不仅流程手续繁杂，单据在传递过程中还存在丢失、被篡改、填制失误、信息泄露等一系列风险，还需与银行核印，而通过CISD办理可一定程度上降低此类风险。跨境付款业务前端发起、在线流转审批、电子付款、付款明细自动返还校验等结算流程均在系统内闭环完成，业务财务信息共享和合规管控有效加强。

特别是新冠病毒感染防控期间，由于经常需要居家办公，很多跨境业务无法及时线下办理，CISD为五矿财务公司实现国际业务全流程远程办理提供了重要技术支撑。上线CISD后，以电汇付款为例，从业务发起、指令发送、信息修正、单据真实性审核、付款信息回传到账务处理全部实现了线上远程操作，付款企业不再需要按传统方式线下准备纸质材料、汇款申请书盖章、单据人工传递至银行，流程得到极大简化，成员企业及财务公司人员足不出户即可通过集团司库系统方便、快捷地办理跨境及外币付款业务，充分保障了特殊时期国际业务不停歇。

2021年跨境人民币付款（亿元人民币）：传统模式 44.74，应用CISD模式 2.92

2021年跨境外币付款（亿美元）：传统模式 22.79，应用CISD模式 1.87

2022年跨境人民币付款（亿元人民币）：传统模式 7.35，应用CISD模式 44.94

2022年跨境外币付款（亿美元）：传统模式 4.92，应用CISD模式 12.21

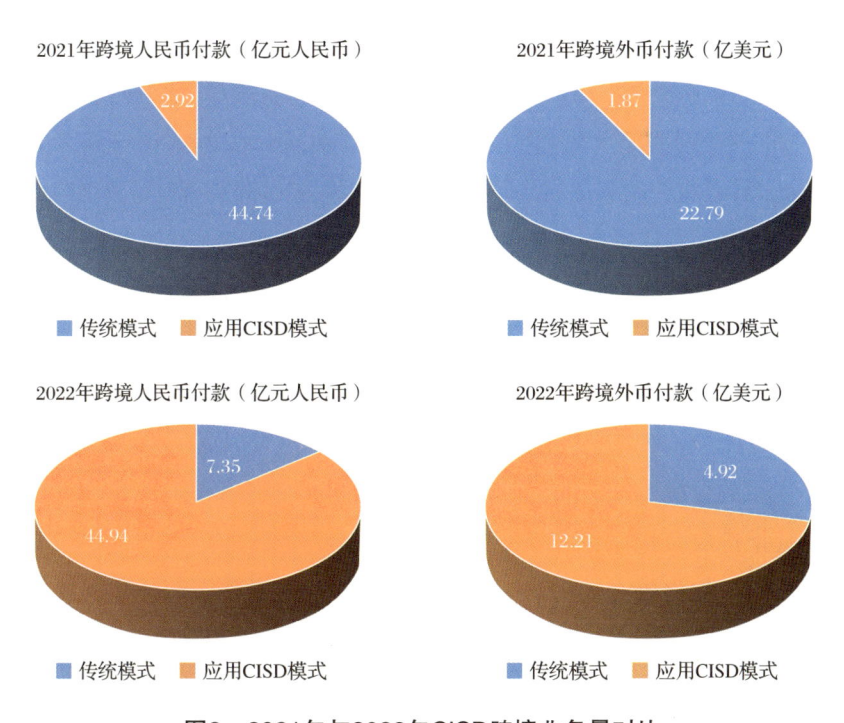

图2 2021年与2022年CISD跨境业务量对比

从支付体验看，CISD上线后，五矿财务公司积极推进集团成员单位开展线上跨境支付业务，由于业务处理便捷高效，获得成员企业积极响应与应用，业务开展十分顺利，已实现跨境本外币付款、境内外币资金下拨、境内外币付款等多个业务场景落地，仅一年多的时间就得到了业务的广泛应用。2022年，财务公司通过CISD代理成员企业办理的跨境人民币付款业务占比85%以上，跨境外币付款占比70%以上，境内外币付款占比近100%。截至2022年底，财务公司通过CISD已累计代理成员单位办理跨境业务140多亿元人民币，包括人民币收付47.86亿元、美元收付14.08亿美元（见图2）。

四、CIPS数据服务进一步满足企业跨境业务深层次需求

2023年初，五矿财务公司率先试点使用了CIPS数据服务产品。CIPS数据服务平台汇集了全球银行基础信息、全球法人机构识别编码、跨境人民币相关政策等参考数据，为企业跨境业务的查询和使用提供了极大便利，将进一步助力提高跨境业务效率，降低支付成本。财务公司通过使用汇路优选功能，更加便捷高效地进行跨境支付汇路查询，帮助成员单位甄选出快捷汇款路径。在CIPS报文填写规范指引功能的支持下，一线操作人员能够更加便捷准确地录入CIPS汇款要素。未来，财务公司还将应用可视化数据分析工具，及时追踪跨境支付市场动向。

总体来说，五矿财务公司上线CISD后，建立了银企间标准化、智能化的业务处理和信息交互模式。目前，财务公司正在通过CISD逐步连接多家合作银行，力争实现全方位跨境业务的一体化、线上化处理，为集团公司国际化经营和全球资金集中运营管理提供有力保障。

善弈者谋势，善谋者致远。展望未来，五矿财务公司将积极发挥财务公司服务集团的金融平台功能，坚持世界一流的使命担当和自主创新的引领作用，持续推进数字化升级转型，持续加强CISD等创新应用，助力集团提升资金管理质效，加强资金的集约、高效、安全管理，增强企业价值创造力、核心竞争力和抗风险能力，夯实培育世界一流企业的管理基础。

五矿财务公司　李晓　潘莉　供稿

信息化赋能产融结合，
助力集团人民币跨境使用

■ 海油财务公司

中海石油财务有限责任公司（以下简称海油财务）是中国主要的海上油气生产运营商——中国海洋石油集团有限公司旗下唯一的存款类金融机构。海油财务致力于发挥集团"资金归集管理平台、资金内部结算平台、资金增值运作平台、金融服务平台、资金监控平台"五个平台作用，围绕集团"资金管理者、金融服务者、价值贡献者、风险控制者"的定位，遵循"安全性、流动性、收益性"的资产配置原则，充分发挥平台公司专业管理经验和业务资源，强化统筹集团及上市公司资金运作效益职能，提升资金运行效率，为集团产业发展提供资金管理和金融服务。

一、积极部署CISD，助力构建安全跨境资金结算通道

CIPS作为服务人民币国际化的国家重要金融基础设施，是人民币跨境支付清算主渠道。随着中美经贸摩擦和外部环境变化，集团对境外资金安全管控提出更高要求，进一步完善境外资金管理、打造安全跨境资金结算通道迫在眉睫。在集团"四个中心"建设过程中，海油财务主要负责安全高效收付跨境资金，为境外油田开发、技术攻关、装备建造提供财务保障。2022年初，按照集团整体部署要求，海油财务迅速开展调研和可行性分析，并开始

着手准备CISD部署上线工作，为集团跨境人民币使用构建安全可靠的内部跨境结算体系。

在CISD部署过程中，恰逢跨境清算公司办公区域所在地——上海新冠病毒感染高峰期。为尽快完成CISD上线，海油财务联合跨境清算公司技术专家、银行业务专家组成项目上线攻坚组，以邮件、电话、即时通信软件等方式对CISD部署方案进行多轮设计完善。因为前期完备的方案设计，尽管受上海疫情影响，海油财务还是在短短一个月内就顺利完成了CISD及服务器硬件入场部署、系统环境搭建、软件通路测试等全部工作，实现CISD顺利部署上线。通过CISD与CIPS直连，加速构建了海油财务基于统一接口、统一标准的跨境人民币支付清算渠道，提升海油财务服务效能，为集团境外油田开发、技术攻关、装备建造提供坚实的财务保障。

二、研究跨境资金池政策，CISD助力跨境收付便利化

目前，跨境资金池主要由人民银行主导的跨境双向人民币资金池，以及外汇局主导的跨国公司跨境资金集中运营两大体系构成，并在此基础上进一步衍生出本外币一体化资金池、跨境双向人民币资金池、跨境资金集中运营等。这些不同版本的跨境资金池虽然核心功能大体相似，但在业务准入、架构搭建、实际运营等方面仍存在很多不同，适用于不同发展特征的跨国公司。

根据外汇局当时关于跨国公司跨境资金集中运营管理规定，非独立法人的分公司无法加入跨国公司跨境资金集中运营管理资金池并通过财务公司办理跨境人民币结算业务。为突破分公司不能入池的壁垒，海油财务结合实际需求，持续加强对跨境双向人民币资金池业务规则的梳理研究，并在当地人民银行指导下在实操层面解决相关限制和问题，最终经合作银行备案后，成功协助分公司入池并通过海油财务办理跨境资金收付。

为了提升便利性和直通率，进一步加强成员企业入池后的业务办理体

验，海油财务以部署应用CISD为契机，主动对接成员单位业务需求，针对重点客户加大宣传力度，让成员单位了解CISD办理跨境人民币结算的优势，提高对海油财务跨境人民币特色服务产品的认可度。

（一）为中海石油（中国）有限公司深圳分公司办理付款业务

该公司是中海石油（中国）有限公司下属的一家境内分公司，主要以对外合作和自营的方式在中国南海东部海域从事海上石油天然气的勘探、开发和生产，先后与美国、日本、意大利、挪威等13个国家和地区的46家公司进行友好合作，目前拥有17个不同类型的海上合作和自营油田。

2022年8月，海油财务协助该公司成功加入跨境双向人民币资金池。当月12日，首次通过跨境双向人民币资金池及CISD为其办理两笔合计金额62万元的跨境人民币付款。该笔付款业务当天即入账收款行中银香港，并且由于业务办理流程便捷、资金到账速度快，目前该公司与其他成员企业的大部分跨境收付均已通过"跨境双向人民币资金池＋CISD"的模式办理。

（二）为中海石油珠海管道天然气有限责任公司办理每月收款

中国海油是目前澳门特别行政区主要的天然气资源供应商，集团旗下南海气田所产的海上天然气和LNG，经横琴、高栏两个海气终端及金湾LNG接收站处理后，通过供气管道输送至澳门，改变了以往澳门电厂使用重油的发电方式，标志着澳门进入清洁能源使用的新阶段。

在上线CISD后，海油财务积极对接为澳门输送天然气的成员单位中海石油珠海管道天然气有限责任公司（珠海管道），第一时间为其办理人民银行跨境人民币双向资金池入池备案，并顺利通过CISD协助珠海管道每月办理跨境人民币收款。2022年9月27日，珠海管道通过CISD收到来自Macau City Gas Company Limited首笔天然气款，金额为769万元。相比原来的清算路径，使用CISD的资金到账时效由7天左右缩短至目前的3~4天，业务处理效率得到大幅提升。

三、赋能无纸化线上审批，加强特殊时期财务服务保障

2022年11~12月，在多家银行受疫情影响暂停营业的情况下，海油财务积极履行金融企业使命责任，充分发挥金融服务和保障功能，以CISD为抓手，配合集团资金管理系统、海油财务外汇网银系统"一站式"审批、提单，实现了海油财务跨境人民币收付款无纸化、信息化处理。上线CISD前，成员单位一直采取线下汇款方式通过海油财务付款，海油财务根据成员单位提交的汇款申请向银行出具相应的纸质版《境外汇款申请书》，用印完成后，再通知开户银行上门取单，付款进度还需与银行反复确认。人工处理环节冗长，业务处理效率低下。上线CISD后，海油财务通过CISD向银行发送电子指令，《境外汇款申请书》和《涉外收入申报单》可通过CISD直接上传，不仅减少了企业的"脚底成本"，而且还因为标准统一、线下和人工处理环节少，明显提高了业务处理效率，整体汇款时间较以往快了2天。

2022年底，集团办公楼宇管控期间，海油财务充分运用CISD实现外汇业务"疫情影响无感化"服务，在管控的一个月左右时间内为成员单位办理跨境人民币收付超7000万元，构筑了安全便捷高效的跨境资金收付"绿色通道"，全力保障了特殊时期集团跨境结算不中断，确保成员单位相关资金及时到账。

四、支付服务透镜助力实时掌握支付状态

2023年3月10日，在跨境清算公司支持下，海油财务首批试点上线支付透镜服务功能，实现跨境人民币支付在途可视化管理，助力成员单位跨境支付更加高效、透明。

CIPS支付透镜服务是跨境清算公司基于CISD推出的创新功能，可为全球人民币用户提供即时、完整、便捷的穿透式支付状态查询服务，及时跟踪支付状态变化，使每笔跨境人民币资金在途过程像使用透镜一样穿透式展现，

满足支付主体对跨境支付状态的可视需求。以往情况下，海油财务划出一笔跨境资金后，在抵达收款账户前，资金在途、滞留状态无法跟踪获取，只能被动等待处理行通知。上线支付透镜服务后，海油财务能够在线查询跨境人民币支付过程中资金所经地域、银行机构名称、状态、处理时间等实时在途信息，有效提高了资金收付状态的透明度及可预测性。借助支付透镜服务，海油财务可协助成员单位实时动态了解支付信息、预测支付进程，有效提升跨境资金管理能力，增强了成员单位在海油财务开展人民币跨境支付的体验感和满意度。

截至2023年3月底，海油财务已累计通过CISD为成员单位办理跨境人民币收付款项超过10亿元，服务成员单位超过30家。未来，海油财务将持续优化跨境金融服务，充分发挥财务公司统一结算、统一监控、统一调度和统一运作的优势与资金集中管理职能，完善集团境内外本外币资金管理，实现本外币资金的集中管理和有效运作，提升资金风险防控能力，降低集团资金成本，便利成员企业资金运用。同时，坚持科技赋能，继续推进CISD与业务系统的直连建设，提升业务管理智能化水平，加快在成员单位间推广应用CISD，提高跨境支付清算效率和安全性。

海油财务公司　张莉源　供稿

CIPS助力跨境融资创新，
推动船海企业全球布局

■ 中船财务公司

中国船舶集团有限公司（以下简称中国船舶集团），是由原中国船舶工业集团有限公司和原中国船舶重工集团有限公司在2019年10月14日实施联合重组成立的特大型国有重要骨干企业，是我国船舶工业发展的国家队、主力军。中国船舶集团坚持走自力更生、自主创新发展道路，培育了超大型智能原油轮、液化天然气运输船、超大型集装箱船等集研发、制造、配套为一体的世界级海洋装备先进产业集群，不断向全球产业链和价值链高端延伸，引领我国由造船大国走向造船强国，为我国经济社会发展和全球海事业发展作出了重要贡献。

中船财务有限责任公司（以下简称中船财务公司）是中国船舶集团下属的，为集团成员单位提供资金管理和金融服务的非银行金融机构，旨在加强集团资金集中管理和提高企业集团资金使用效率。多年来，中船财务公司立足中国船舶集团，深耕船舶产业链，聚焦中国船舶集团重点发展的海洋防务装备、船舶海工装备、科技应用、船海服务四大板块，坚持创新促发展，服务主业不动摇，在资金管理、信贷、投资、外汇、保险及牵头银团等各项业务上，通过创新让中国船舶集团成员单位及业内中小型配套企业获得实实在在的好处。

一、稳步推进人民币业务开展

中国船舶集团的民船海工业务是典型的出口导向型业务。长期以来，受国际造船市场供需关系影响，全球航运和造船行业处于买方市场，由国外买家主导，普遍采用美元计价和结算，增加了国内造船企业的汇兑成本和汇率风险。

近年来，随着人民币在全球贸易结算以及储备货币体系中比重的不断增加，中国船舶集团充分发挥集团化优势，注重全球行业的发展趋势，着眼于对全球业态的引领与推动，抓住机遇积极推动集团企业使用人民币结算。人民币在集团跨境业务中的占比逐渐提高，2022年跨境人民币结算量约60亿元，约占结算总量的6%。

与此同时，中船财务公司也在积极响应集团要求，努力提升在跨境支付及投融资中使用人民币占比，并不断加强使用人民币支付结算的能力。2021年9月，中船财务公司成功上线了CISD企业版，为开展与跨境人民币业务有关的服务创新打下良好基础，并在服务成员单位的过程中发挥了实际作用。

二、实际案例：CIPS助力跨境融资业务创新

2022年6月，中船财务公司收到成员单位中船国际控股有限公司（CSSC International Holding Company Limited，注册地在香港，以下简称中船国际）4亿美元融资需求，期限为3年。

当时，美元正处于加息通道，受美联储激进加息影响，美元融资利率持续走高，且因为长期贷款只能采用浮动利率，利率风险较大，融资成本较高。利用利率互换产品锁定为固定利率的成本也很高（4.5%以上）。基于此，不适合直接办理美元贷款。

相对而言，6月境内USD/CNY与离岸市场USD/CNH掉期价格存在较大差异，境内3年期掉期约-200点，离岸市场3年期掉期+400点。而且人民币处于降息通道，财务公司人民币头寸充足。于是，中船财务公司为中船国际设计了跨境跨币种融资创新方案：人民币流动资金贷款+USD/CNH掉期，即通过跨境资金池为中船国际发放一笔3年期4亿美元等值的人民币固定利率贷款，然后由中船国际在香港离岸市场开展3年期的掉期交易，近端将人民币换成美元用于资金需求，远端将未来的美元结汇成人民币偿还贷款。

该融资方案没有汇率风险，利率固定。但是由于美元加息预期强烈，境内外美元对人民币掉期价格均在下行，掉期价格走低会导致企业综合融资成本增加，因此该方案对交易操作要求较高。不但要与香港地区银行沟通衍生交易额度，紧密跟踪市场变化，寻找合适的交易时机，还要有满足安全性和时效性的资金支付渠道，才能确保在合适的价格窗口及时操作掉期交易。为此，中船财务公司一方面积极准备跨境资金池人民币对外放款，另一方面做好启用CISD的准备。

掉期交易实施初期，由于境外银行衍生品交易额度不足，融资方案迟迟未开展。待境外交易额度完备，USD/CNH3年期掉期价格已下行至-300点，只能继续密切跟踪市场，等待合适的交易时机。7月底左右，离岸掉期价格回升至正值（见图1），中船财务公司抓住市场机会通过CISD快速完成放款，不到2小时中船国际就收到了该笔款项，抓住市场反弹窗口完成USDCNH掉期操作，最终平均掉期点+83，3年期组合融资成本仅3%，较直接美元融资降低至少1.5%的融资成本。

数据来源：Wind。

图1 美元/离岸人民币掉期走势

回首本次交易（见图2），中船财务公司在跨境清算公司与交通银行的通力合作下，高效完成了CISD调试、线上支付背景审核及最终支付等流程，对交易成功起到了关键作用。通过实践，我们发现通过CIPS办理跨境人民币支付业务，与传统方式相比有以下优势。

一是安全可靠。在当前复杂多变的国际环境中，中国船舶集团使用传统方式办理跨境支付业务，不仅在支付信息安全性方面难以保障，甚至还面临支付通道被切断的风险。CIPS作为我国重要的金融基础设施，为集团开展跨境支付业务提供了一条安全可靠的路径。

二是提升效率。使用传统方式办理跨境支付业务，不仅需要线下准备境外汇款申请书，通过柜面向银行提交纸质申请书和相关手续，有时还需要代理行中转，流程复杂且耗时较长。而使用CISD通过CIPS办理跨境支付业务，可完全实现"线上化"操作，更加高效、便利，到账时间更加快速。本次交易的跨境支付业务通过CISD办理，从中船财务公司发起支付指令到中船国际收到资金，全程仅用时2小时，与使用传统方式支付大约需要1天相比，最大限度保障了资金当天到账，为后续实施掉期交易操作争取了充足的时间。

三是降低成本。首先降低了交易成本，通过传统方式办理跨境支付业务，需承担一定金额报文费用，目前CIPS报文完全免费，交易成本明显下降。其次降低了系统建设成本，中船财务公司在多家银行开设账户，CISD采用统一的接口标准，仅需开发一次即可对接不同银行，大大缩短了系统开发时间，降低了开发成本。

图2 支付报文示例

此次成功交易，为中船财务公司后续的跨境人民币业务开展及跨境资金管理积累了宝贵经验，也为境内外成员单位提供更便捷、安全、更具成本优势的跨境本外币融资等服务给出了更多选项，进而推动中国船舶集团人民币国际支付清算便利化、标准化、智能化管理再升级。

三、展望未来

目前，中船财务公司正积极按照国资委、集团公司要求，落实加强资金管理的有关工作，加快推进司库体系建设。在此过程中，将与跨境清算公司在司库建设、境内外结算等领域开展更加广泛的合作，继续发挥CISD跨境资金管理的各项优势，广泛应用于跨境人民币集中收付等更多业务场景，进一步提升跨境人民币业务一体化处理能力，为更好服务成员单位需求、提升金融服务实体经济能力、助力高质量发展作出更大贡献。

中船财务公司　陈小东　王志军　供稿

发挥CISD优势，助力推动民航领域各业务场景下跨境人民币使用

■ 南航财务公司

中国南方航空集团有限公司（以下简称南航集团）是我国三大国有大型骨干航空集团之一，涵盖航空运输、航空食品、发动机维修、进出口贸易、金融投资、建设发展、传媒广告等多个产业。近年来，南航集团全力打造广州—北京"双枢纽"，致力于建设两大综合性国际航空枢纽，服务"一带一路"和粤港澳大湾区，逐步走出了一条以枢纽建设为核心，以国内国际航线衔接为节点，以打造国际化规模网络型航空公司为目标的发展道路。

加快推进跨境人民币使用，2021年7月，南航集团成立跨境人民币使用工作领导小组，围绕典型业务场景，搭建安全高效的人民币跨境资金结算渠道。当月，中国南航集团财务有限公司（以下简称南航财务公司）参加了人民银行广州分行组织召开的跨境人民币支付领域金融数据交换标准应用推广会议，并第一时间通过合作银行联系了跨境清算公司，在跨境清算公司及交通银行指导支持下完成了CISD部署，成为广东省首批试点上线企业。2022年6月，南航集团在民用航空领域率先通过CISD完成跨境人民币付款，此后又陆续在成员单位境外放款、境外航点航油费用支付、境外营业部办公经费支付、境外小币种结汇人民币归集、境外非航里程人民币收入等各类典型场景中实现业务落地。2022年全年，南航集团已累计完成跨境人民币结算2.5亿元，同比增长172%。

一、做好跨境资金集中管理，便利成员单位通过CISD开展跨境人民币融资

2019年3月，国家外汇管理局印发《跨国公司跨境资金集中运营管理规定》（汇发〔2019〕7号）后，南航集团充分利用政策红利，以南航财务公司为主办企业开展跨国公司跨境资金集中运营业务，将符合条件且具备跨境结算业务需求的10家境内成员单位、2家境外成员单位及53家境外营业部授权纳入集团跨境资金池管理，搭建集团本外币一体化跨境资金池，促进贸易投资便利化。通过"跨境资金池＋CISD"的应用，南航集团实现了集中收付汇、境外放款、外债引入等跨境人民币业务标准化处理，便利成员单位跨境人民币资金收付和投融资。

2021年6月，位于香港地区的集团所属二级全资子公司南龙控股拟对当年6月末到期的9000万港元境外贷款进行再融资。经向多家香港当地银行询价，对方报价普遍高于集团内融资利率50~100个基点，由于当时集团闲置资金充裕，南航集团决定通过跨境资金池以境外放款的方式为南龙控股融资。6月28日，南航集团在与南龙控股签署借款合同后，南航财务公司通过跨境资金池成功向南龙控股放款9000万元人民币，用于置换到期的境外贷款。该笔放款业务当天下午入账，为南龙控股节省约30万元的财务费用，从时效性来看，通过跨境资金池放款相比原来向外汇局申报审批减少了约20个工作日，降本增效成效明显。

2022年6月，南航集团评估后认为内部融资较香港市场仍有成本优势，因此再次对南龙控股放款9000万元人民币置换到期借款。本次境外放款通过CISD办理，业务办理效率和到账速度进一步提升。上线CISD前，南航集团需向合作银行出具纸质版付款申请及相关材料，内部审批用印后到合作银行临柜办理，人工处理环节多、效率低，还有一定"脚底成本"。上线CISD后，南航财务公司通过CISD向合作银行发送电子指令，无须填写纸质付款申请；不必再到银行柜台办理业务，大幅提高了财务人员工作效率。该笔业务从当天上午9点发出付款指令，11点南龙控股开户银行中银香港已完成入账，较

上线CISD前节省了半天时间。

二、上线支付透镜功能，确保跨境资金汇划高效可追踪

跨境支付交易链条长、中间环节涉及的银行多，一笔付款往往支付指令发出后不知道资金划转进程，需要人工向经办银行反复确认。曾经有一笔向境外营业部划拨的办公经费款，南航财务公司发起支付多天后，境外营业部反馈一直未收到该款项，财务人员多次询问当地收款行，对方先是反馈没有查到支付指令，后又表示该笔业务的报文格式有问题，前后答复不一致，一直未给出明确反馈。最终，南航财务公司只能沟通境内经办银行取得支付查询报文，并通过境外营业部发送至当地收款行后才办理入账。因为无法追踪到汇款状态，只能被动等待，该笔付款在指令发送后的第六天才成功入账，所幸办公经费非紧急用款，延迟到账风险相对可控。

2023年2月，南航财务公司在了解到支付透镜服务后第一时间决定上线试用。支付透镜服务融合运用大数据、人工智能等金融科技，提供即时、完整、覆盖全链路、一站式支付状态追踪服务，可满足企业对跨境支付状态全天候查询需要。

以上述向境外营业部划拨办公经费为例，境外营业部先向其所属公司财务部提出用款申请，再由南航财务公司通过CISD向经办银行发起支付指令。支付指令发出后，南航财务公司可通过新上线的支付透镜功能，在汇出汇款查询中点击"汇款进度查询"，获取支付最新到达节点、状态、处理时间等信息，实时便捷掌握汇款处理状态，在特殊情况下能够及时发现异常并处理。

由于上线CISD后资金结算更加高效、便捷和透明，各大区域境外营业部积极配合推动人民币跨境使用，第一时间在当地银行开立人民币账户，为跨境人民币资金结算做好准备。2022年7月，将欧洲某国家营业部作为试点，全部采用人民币支付营业部经费并通过CISD办理业务，最快可实现资金日结，有效保障了当地营业部日常运营。

三、利用离岸价格优势结汇，人民币资金回流降本增效

2021—2022年，南航财务公司协助南航集团持续优化跨境资金集中运营管理模式，以"广州/香港"为双支点，利用香港具有离岸价格优势、资金回流通道安全等特点，充分联通境内外金融市场，着力推动跨境资金双向融通和货币兑换，实现粤港澳大湾区金融资源互通。

例如，境外营业部经常会有当地币种的收入留存，由于这些小币种在香港外汇市场结汇更有汇率优势，因此自2022年6月起，南航集团逐步将奥克兰、温哥华等境外营业部小币种收入归集至香港平台，利用香港离岸价格优势在当地办理小币种收入并结汇为人民币，再通过CISD自动归集至在广州的境内主账户。

以奥克兰营业部为例，新西兰与我国时差4小时，当地日终5点时，境内和香港地区才下午1点，奥克兰营业部每日会将限额以上的新西兰元归集到香港营业部。待汇率合适或积累到一定资金量时，由香港营业部在外汇市场结汇，通常整个交易流程约半小时，转成人民币后在当天下午5点通过"跨境资金池+CISD"模式归集至境内主账户，归集全程仅需10分钟。当天即可完成从奥克兰营业部新西兰元，到香港营业部结汇，再到境内人民币入账。截至2023年4月，南航集团已累计归集境外人民币收入5500多万元。

四、以部署CISD为契机，大力推动境外人民币使用

南航集团持续推动与境外供应商协商使用人民币结算，优先选择以人民币结算的航油供应商。2021年12月，与供应商签署东南亚某航点以人民币结算的航油采购合同。2022年7月，一些东欧航点复航后，南航集团又积极与供应商协商，争取对方同意以人民币支付航油款。截至2023年4月，南航集团已累计通过CISD渠道向境外航油供应商支付人民币航油款1500多万元。

此外，南航集团还主动推动与各类交易对手方在合同中明确使用人民币结算，不断扩大跨境人民币结算范围。例如，香格里拉酒店、万事达等境外

合作企业定期会向南航集团采购非航里程，作为积分礼品供其酒店会员或持卡人兑换，以往这些采购都是以美元结算。在南航集团持续推动下，香格里拉酒店、万事达等部分企业已同意以人民币结算方式支付南航集团境外非航里程，上述业务目前也均已通过CISD渠道办理。

五、展望未来，人民币跨境结算大有可为

南航集团作为跨国航空运输企业，跨境资金结算量大，涵盖资本项下和经常项下的各类跨境交易。目前，南航集团内成员单位对使用美元、欧元等主流国际货币仍有惯性和依赖，尽管主要原因是上下游企业对人民币接受度还不够，但也有一部分因素是以往跨境资金信息传输高度依赖国际报文传输系统，人民币跨境支付存在报文格式不统一、人工处理环节多、到账速度慢等问题，导致成员单位倾向使用外币结算。上线CISD后，一方面，跨境资金结算效率和安全性有所提升，既能够保障南航集团及成员单位对资金结算安全的需求，也解决了企业与银行间报文转换差错率高、跨境结算业务直通率低的问题，缩短了成员单位的资金收付周期。另一方面，财务费用明显降低，目前CISD只有前期技术开发成本，不再对业务量逐笔收费，明显降低了支付手续费。此外，使用人民币也可以为成员单位节省汇兑成本，规避汇率风险。

下一步，南航财务公司将协助南航集团更好地发挥央企国企主力军作用，努力推动更多成员单位及境外交易对手方使用人民币，持续扩大跨境人民币结算范围，进一步提升南航集团竞争力、影响力和抗风险能力。

南航财务公司　陈永洪　供稿

CIPS赋能用户增值，
助力人民币国际化

■ 海尔财务公司

2002年6月，经海尔集团及其所属成员单位共同出资组建，海尔财务公司正式成立。海尔财务公司秉承"诚信生态、共赢进化"的海尔精神，在有效驱动集团产业发展的同时，充分发挥各种金融服务职能，创新金融服务手段，提高资金使用效率，铸就了多项品牌金融模式，为客户提供全流程的金融服务解决方案。海尔财务公司也在不断创新发展中，逐渐构筑起自身核心能力，主要经营指标连续多年位居行业前列，其中全部本外币业务经营、电子银行承兑汇票试点及线上清算试点、集团经常项目外汇资金集中管理试点、集团全球外汇资金集中管理并实施境外放款等业务开展均是行业首批。

CIPS是国家重要的金融基础设施之一，海尔财务公司作为行业引领者，也需要积极借力CIPS的建设及场景应用推广，优化集团在跨境结算、资金运营方面的业务流程。一方面，海尔财务公司要满足集团人民币跨境支付业务高效、便捷、安全开展的需要；另一方面，海尔财务公司要致力于引导、推动集团跨境业务在市场机制驱动下不断提升人民币跨境支付清算占比。在人民币国际化道路上，充分发挥财务公司助推器作用，双向赋能CIPS渠道服务能力建设以及集团产业跨境业务长期稳健发展。

企业篇

一、成功接入CISD终端，通过CIPS办理的人民币跨境清算业务快速增长

在接入CIPS前，海尔财务公司每笔跨境人民币付款必须要准备好纸质资料去银行网点方可办理，步骤长、效率低，因此，搭建直通处理的业务体系是海尔财务公司迫切的需求。

2021年，获悉跨境清算公司研发的CISD，可以统一各银行间的标准，实现"一点接入"、线上操作，海尔财务公司立即对接了跨境清算公司和同业合作行，上线了CISD，通过线上方式办理跨境人民币收支业务，无须再跑银行线下递交纸质资料，大大提高了业务效率。2021年3月，海尔财务公司通过同业对标后整合了银行资源，组建了无边界的项目团队，从测试环境网络连通、确认数字签名器、安装调通测试系统、多次会议讨论业务细节、报文测试、产业沟通准备资料，到安装数字证书并联调试，每一个节点都紧密咬合，仅7个工作日就快速完成CISD部署，成为行业首批上线的机构，并实现首笔人民币跨境支付业务的落地。

CISD有效帮助了海尔财务公司为集团成员单位提供安全、便捷、高效的人民币跨境支付清算服务。2022年，海尔财务公司为集团成员单位提供跨境人民币清算规模达230亿元。其中，通过CIPS跨境清算123亿元，是2021年同期CIPS渠道清算量的3倍多，这个趋势体现了海尔财务公司正在由传统的清算渠道逐步转向CIPS清算，转为人民币结算，分享人民币国际化红利（见图1）。

2021年跨境人民币收付款（亿元人民币）
传统模式 84%　CIPS渠道 16%

2022年跨境人民币收付款（亿元人民币）
传统模式 46%　CIPS渠道 54%

图1　2021—2022年CIPS跨境业务量对比

随着国家有序推进人民币国际化，国际贸易中人民币对其他货币的替代性不断增强，更多的外贸和金融交易由人民币计价和结算，将切实降低企业跨境业务的汇率风险和成本。可以预见，未来海尔集团人民币跨境清算规模将进一步扩大。

二、CISD助力海尔跨境业务降本增效

成功接入CISD终端只是第一步，海尔财务公司持续推进CIPS跨境支付多渠道、多场景的应用建设。2021年8月，海尔财务公司联合跨境清算公司，成功实现境外账户接入CISD，并完成首笔从境外到境内跨境支付业务30分钟内成功落地，实现了境内外CISD的全覆盖，对标原来的人民币跨境支付模式，效率提升80%，支付成本降低40%。至此，海尔财务公司成功搭建起人民币双向跨境支付的便捷渠道。

（一）支付效率大幅提升

CIPS采用各直接参与者一点接入、集中清算的模式，缩短了跨境人民币清算路径，提高了清算效率，并且采用国际通用的ISO 20022报文标准，充分考虑了与现行SWIFT报文的转换要求，实现了跨境业务直通处理。对集团成员单位来说，CISD的部署应用有效解决了以往流程过长、清算效率低、无法及时确认资金节点状态等痛点问题，提升了跨境支付效率。

在上线CISD前，海尔财务公司跨境清算业务需要企业提供纸质资料，财务公司用印后到银行柜台办理，全流程通过线下模式操作，流程长、清算时效性低，财务公司无法及时确认资金节点状态。上线CISD后，借助CISD将付款指令及资料影像传送银行，银行通过CIPS发起报文，进行资金的清算，同时根据报文处理情况返回确认报文，有效提高了支付清算效率，全流程监控款项的动态，与原来的跨境人民币支付流程相比效率提升了80%，充分体现了CISD的赋能价值。

（二）跨境支付更加安全，支付成本显著降低

CIPS整合现有人民币跨境支付结算渠道和资源，采用"直参+间参"模式的全球支付结算网络，为运营机构和参与者提供了标准化、智能化、便利化的跨境业务处理和信息交互模式，确保了业务连续处理和跨境收支的安全性。相较于传统付款方式，境内业务由原来的线下人工传递纸质单据转为线上渠道数字化清算，境外业务由传统单一清算渠道转为多渠道择优清算，在安全便利的同时，也带来了更优体验。

与国际其他主流清算系统高成本的前期搭建费用、每年固定的运维费用及逐笔的业务手续费相比，CISD支付成本降低约40%，极大地降低了系统运维费用及业务手续费率，同时又大大提高了业务效率，节省了人力物力，实现了降本增效，真正发挥了跨境人民币支付系统服务实体经济的作用。

三、CIPS跨境直通车（API模式）进一步提升跨境业务效率，控制操作风险

有了CIPS跨境清算渠道，海尔财务公司怎样将汇款信息传输到渠道终端呢？一开始，海尔财务公司采用的是GUI版，但面临的问题是，需要将客户端传输过来的汇款信息手工录入GUI界面，包括所有的汇款信息、影像等。手工录入容易出现操作误差，人工需要来回多次复核，方可发起至同业行进行处理，过程相对较长，效率较低。

2022年，海尔财务公司持续聚焦用户痛点，针对初期上线的CISD GUI版支付需人工操作转录、效率相对较低等问题，通过整合CIPS及同业合作银行资源，根据产业实际的业务需求进行了深入调研论证，制订了直连升级方案。经过多方并联协同，海尔财务公司在二期系统升级中上线API直连模式。CIPS跨境直通车API模式，极大地便利了产业客户跨境清算业务，客户一键发送跨境业务指令，提升了跨境支付清算效率，降低了业务处理成本，而且更加安全、稳定、可靠（见表1）。

表1 原有业务模式与CISD GUI及CISD API模式对比

比较项	原有业务模式	CISD GUI模式	CISD API模式
业务办理	纸质材料柜台办理	电子版材料线上提交	电子版材料线上提交
操作模式	手工填写纸质单据	线上手工录入	全流程自动传输
是否需要人工操作	是	是	否
系统对接	银企直连（与每家银行逐一专线对接，每次均要投入一定开发成本）	CISD直连（通过CISD标准接口对接各行，只需投入一次开发成本）	CISD直连（通过CISD标准接口对接各行，只需投入一次开发成本）
支付效率	标准不统一、人工处理环节多	标准统一、直通率相对高、减少人工干预	标准统一、直通率高、无需人工干预
信息安全性	通过国际主流金融信息传输平台传输	通过国产化自主信息传输渠道传输	通过国产化自主信息传输渠道传输
服务体验	流程过长、清算效率低	支持支付透镜、账户集中可视等各类功能	支持支付透镜、账户集中可视等各类功能

上线API模式后，海尔集团成员单位在客户端一键发送跨境付款业务指令，经海尔财务公司内部业务系统，并通过CISD传送至账户行进行清算，无需人工手工转录、多次复核。据测算，清算时间由原来的15分钟缩短至5分钟内，全流程效率大幅提升。由GUI版到API版系统直连升级，实现了由内部结算系统与CIPS直连对接，数据自动传输，支付效率提升60%。此外，由于优化了人工录入环节，手工误差和操作风险较过去也得到明显降低。

四、上线支付透镜，实现跨境支付全程可视管理

跨境收付款业务中，资金清算到哪一步、交易对手客户是否收到汇款、中间手续费多少、收款何时到账等问题是长期困扰集团成员单位的痛点。在使用其他支付路径时，海尔财务公司只能被动地依靠同业清算行的查询结果，时间长、信息不通畅，既降低了入账效率，也极大地影响了用户体验。为此，CIPS上线支付透镜功能后，海尔财务公司第一时间"尝鲜"试用。

支付透镜功能的上线能显著提升了跨境清算的信息透明度。从实践来看，以往成员单位向境外采购零件时，需从境内付款给境外出口企业，或境内出口产品到境外时，需从境外回款到境内。在资金双向清算过程中，由于资金跨境清算需经多家银行清算，整体清算流程不透明、过程慢，收付双方无法及时获得清算进度信息，只能被动等待，影响了资金清算效率。通过使用支付透镜，资金从汇出开始，到收款行最终入账，全程透明可追踪，业务可同步开展，提升了业务效率。总的来说，支付透镜支持财务公司对每笔跨境收付业务进行全程实时可视化追踪，是财务公司人民币跨境收付路径的一站式可视窗口，也便于收付款客户为后续资金使用提前作预算安排，有效确保了资金跨境清算的安全高效。

CIPS支付透镜创新服务，为用户提供了一站式支付状态穿透式展示服务，帮助海尔财务公司实时了解支付信息、预测支付进程，大大提升了跨境人民币支付效率及透明度。2022年6月，海尔财务公司成功上线支付透镜功能，赋能产业客户跨境业务，并借助这一创新功能进一步提升产业客户跨境支付效率。

2022年6月28日，海尔集团成员单位紧急支付一笔跨境人民币，从汇款指令发出到支付成功的每个节点，支付透镜上都可以清晰展示：款项在11:27由海尔财务公司发起支付指令到同业清算行，11:34同业行清算收到指令返回报文状态，11:38清算完毕返回报文。CIPS支付透镜全流程以动态方式同步呈现每个节点的处理状态信息，所有节点信息一目了然，完全突破了之前付款流程"两眼一抹黑"的被动局面，极大地提升了客户跨境支付的体验。

五、持续升级CISD新功能新服务，全面赋能集团管理升级及人民币国际化

在CISD使用过程中，其产品功能服务不断丰富和完善，实质上是在围绕企业跨境支付的痛点难点问题不断迭代升级。目前，海尔财务公司已启动推进CISD账户集中可视功能。作为银企直连管理方式的补充，上线CISD账户集中可视功能，无疑会助力集团对成员单位账户及资金的可视可控的全面覆盖，也为集团资金全球化管理提供了新的思路。

"哪里有人民币，哪里就有CIPS服务"。在人民币国际化道路上，财务公司既是CIPS的用户，同时也是积极参与的建设者。根据人民币跨境业务的实际需要，不断实现现实需求与CISD功能丰富完善的完美升级。人民币国际化任重道远，作为跨境清算的现代化企业，海尔财务公司将继续积极投身CIPS产品研发应用，为人民币跨境使用贡献力量。

海尔财务公司　官华丽　刘进香　李倩　供稿

好风凭借力，跨境人民币业务创新助力TCL全球化经营发展

■ TCL 财务公司

TCL是伴随改革开放成长起来的合资企业，也是国内早期实现境外上市的公司之一。成立40多年来，创新驱动和全球化始终是TCL发展的两大引擎。TCL科技集团财务有限公司（以下简称TCL财务公司）成立于2006年，是我国较早引入境外战略投资者的财务公司，自诞生起就有着创新变革和全球服务的基因。特别是在跨境资金业务方面，TCL财务公司坚持创新推动业务发展的理念，持续优化业务流程，先后落地多个跨境人民币创新试点业务，为成员企业更好地使用人民币营造了良好的市场氛围。

一、创新赋能，积极探索金融服务新模式

TCL财务公司始终以打造专业、高效的集团司库为蓝图愿景。自公司成立以来，一直秉承"当责、创新、卓越"的价值观，做好集团内部的"金融秩序维护者、金融资源整合者、产融价值创造者"。在有效服务成员企业、驱动集团业务发展、追求协同效应最大化的同时，TCL财务公司以成为"受人尊敬的全球智慧金融服务商"为目标，坚持创新理念，严守监管要求，充分拓展金融服务广度、深度，在监管机构指导和合作伙伴的支持下，积极开展服务创新。尤其在全球结算方面，先后落地了外汇资金集中运营管理试

点、跨境双向人民币资金池等一系列突破性创新业务。

在跨境人民币业务方面，TCL财务公司始终积极申请各类试点资质，争做跨境人民币业务的"排头兵"。TCL财务公司高度关注CIPS的建设和发展情况，并积极使用CIPS办理相关业务。CIPS安全快捷的跨境资金清算服务，大大提升了集团境内外企业跨境结算的效率，进一步保障了集团资金的安全流转，有效降低了国际结算成本和汇率风险，为TCL境外业务起到了保驾护航的作用。

二、人民币国际化助力TCL开展全球业务

自1999年建立第一个海外工厂以来，TCL全球化道路已经走过了20多年的历程。截至2022年底，TCL在全球拥有48个研发机构、32个制造加工基地，境外业务遍布160多个国家和地区，累计服务了全球近10亿用户，逐步成为中国企业全球化的领先者。与此同时，TCL资金清算结算的全球化步伐也不断摸索、不断迈进，从而参与并见证了跨境人民币业务的稳步发展。

早在2009年，TCL就在合作伙伴的支持下，成功办理了首笔跨境人民币结算业务。随着人民币国际化水平的不断提升，人民币在交易结算、投融资、风险管理等更多场景中得到了更为广泛的使用，TCL跨境人民币业务也迅速增长，从2011年的48亿元到2022年的600多亿元，规模增长了10多倍。

在日常贸易中，TCL实实在在地享受到了跨境人民币便利政策带来的好处。随着广东省不断推动更高水平贸易投资人民币结算便利化，目前TCL科技集团旗下的多家子公司都进入了广东省跨境人民币结算优质企业名录，可以享受跨境人民币结算绿色通道——凭《跨境业务人民币结算收/付款说明》或收付款指令，就能直接办理货物贸易、服务贸易跨境人民币结算，以及资本项目人民币收入（包括外商直接投资资本金、跨境融资及境外上市募集资金调回等）在境内的依法合规使用。这些政策大大简化了业务办理时资料准备、流转等流程，显著提高了企业的资金周转效率。到2022年末，人民币已成为TCL的第二大跨境结算货币，跨境人民币业务占国际结算总量的30%以上。

2021年，TCL通过跨境人民币结算，以76亿元对价获得苏州三星电子液晶显示科技有限公司60%的股权及苏州三星显示有限公司100%的股权。这既是人民币在投资交易结算中的一次成功范例，也代表我国企业经过十余年的努力，改变了日韩占据主导地位的全球面板产业格局，实现凤凰涅槃。在与人民币国际化一路同行中，TCL科技集团的国际市场地位不断提升。

三、运用CISD推动降本增效

CISD是推进跨境人民币支付领域金融数据交换标准应用的重要载体，用于银企之间跨境人民币业务信息交互，实现跨境人民币清算全流程标准统一。2021年7月，TCL财务公司上线部署了CISD，并完成首笔基于CISD的跨境人民币业务。2022年，TCL财务公司又通过CISD连接了3家合作银行，顺利实现与CIPS的一点接入，为成员企业的跨境人民币业务提供了更多的便利。

在使用CISD前，TCL财务公司办理跨境人民币付款业务需要五步流程：（1）付款人填写付款银行提供的付汇申请书、跨境人民币付汇说明等相关材料；（2）财务公司完成业务审批、用印审批；（3）将相关材料提交给印章管理员用印；（4）将付款材料提交至付款银行柜台处理；（5）付款完成后，根据回单凭证完成账务处理。在这种业务模式下，单据真实性审核、汇款指令发送均通过线下办理，需要准备的材料繁杂，业务办理时间长。同时，由于每家银行对提交材料的要求不一，导致单据填写错误、材料不符要求等情况时有发生，效率低下。一般情况下，1笔跨境人民币付款业务需要1~2天才能办结。如果遇上汇款材料不足或单据填写错误的情况，则要数天才能顺利汇出款项。

使用CISD后，财务公司可全程线上办理跨境人民币收支结算业务，不再需要到银行临柜办理，流程优化分为两步：（1）财务公司内部完成业务审批，通过CISD填写付款业务要素，将标准化报文发送给付款银行；（2）付款完成后，根据回单凭证完成账务处理。2022年9月，TCL财务公司向境外成员企业发放了一笔贷款，在接收到境外成员企业的资金需求后，财务公司通过CISD从境内的中国银行账户向成员企业在中国银行（香港）的账户付款7亿元人民币，资金在1小时内到账。相较以前的1~2个工作日，资金在途时间大幅缩短，资金利用效率大大提高。

同时，基于CISD办理跨境人民币收付的手续费也有大幅降低。在使用CISD前，笔均付款手续费需要200元，单笔最高甚至可达500元。使用CISD后，由于可选择最优汇路，减少中间行费用，并且CISD目前不收取手续费和笔数费，综合财务成本明显减少，较原先节省了约70%。

在风险防范上，CISD采用了数字证书技术和加密技术来保障交易数据的机密性和完整性，降低了业务数据被篡改盗取的风险；CIPS对异常交易的实时监控和风险预警机制，也为业务办理添加了一道防火墙，为成员企业本外币跨境付款提供全方位的资金安全保障。

据统计，2022年，TCL财务公司全年通过CISD办理的跨境人民币交易量约80亿元人民币，大大便利了成员企业跨境的结算、投融资等业务。

四、推动跨境人民币业务发展行稳致远

2023年初，商务部和中国人民银行联合印发了《关于进一步支持外经贸企业扩大人民币跨境使用促进贸易投资便利化的通知》，进一步推进营造人民币跨境使用的良好环境。TCL财务公司也积极响应号召，进一步深化与各类主体的沟通、合作，共同加强人民币生态圈场景建设。

展望未来，TCL科技集团将坚持做人民币国际化的"排头兵"、参与者和助力者，在国际贸易中积极使用人民币计价结算，带动境内外、上下游企业更多使用人民币，切实为人民币跨境使用创造更好的环境，协助CIPS持续完善壮大，发挥服务实体经济、促进贸易投资便利化的积极作用，稳步提升人民币国际化水平。

TCL财务公司　江小照　袁艺丹　罗琲儿　李雪峰　供稿

中国本土矿企的全球化之路

■ 洛钼集团

洛阳栾川钼业集团股份有限公司（以下简称洛钼集团或公司）始建于1969年，前身是河南省栾川县一家传统的国有钼业企业，一度亏损严重、负债累累。后来，经过2004年和2014年两次混合所有制改革，公司由国有独资转型为"政府引导、国资参股、民资控股"的混合所有制。两次混合所有制改革激发了集团公司跨越发展的内生动力，加快了战略转型，奠定了国际化发展的基础。目前，洛钼集团已经是一家全球领先的矿业资源跨国公司，致力于打造"受人尊敬的、世界级、现代化资源公司"。公司主要从事基本金属、稀有金属的采、选、冶等矿山采掘、加工和矿产贸易业务，通过持续投资并购、整合资源，形成了铜钴、铜金、铌磷、镍钴、钼钨等多元化的矿业板块布局，业务覆盖亚洲、非洲、南美洲、大洋洲和欧洲，基本金属贸易业务位居全球前列。

一、布局世界级矿山资源，探索国际化运营经验

公司从2013年就开始在全球范围布局矿山+贸易业务。2013年，公司以8.2亿美元的价格，收购澳大利亚北帕克斯铜金矿NPM80%的权益。2016年，公司收购巴西的铌磷业务，收购刚果铜钴业务TFM56%的股权。2017

年，公司再次收购刚果铜钴业务TFM24%的股权，对TFM权益提升至80%。2018年，公司收购全球领先的瑞士金属贸易商埃珂森（IXM）100%股权，顺利完成了集团供应链的延伸。2018年，公司参股华越镍钴30%股权，布局印度尼西亚6万吨镍钴湿法冶炼项目。2020年12月，公司又通过收购刚果（金）Kisanfu铜钴矿95%的权益，巩固了公司在钴和电动车材料领域的领先地位。

伴随着全球投资并购，公司持续进行组织架构调整升级，尝试将国内低成本理念和中国元素融入境外板块，积极探索"中方主导、中外融合共管"模式。在刚果（金）运营的TFM矿区，曾有一台价值550万美元的重型挖掘机，因多处故障而被搁置，外方人员认为维修成本太高，就弃之不用，将其作为工业品展览，而负责矿山移动设备日常运营及管理的中方人员发现后决定组织进行重修。经过一段时间维修，这台重型机械重新投入使用，总计维修成本仅占设备原值的20%，远远低于外方预估的90%，设备投入使用后，其生产能力约占矿山总采剥量的10%，大幅降低了矿山采剥运营成本。

重型挖掘机重修只是一个缩影。管理提级的直接结果是降本增效，提升了企业的运营效率。数据显示，TFM矿区2021年实现同比降本增效1.88亿美元；洛钼巴西大刀阔斧推行管理变革，提升运营效率，全年生产运营成本下降1.77亿雷亚尔；整体来看，公司2021年矿山采掘及加工板块生产运营成本实现同口径同比降本增效超16亿元人民币。从2012年到2022年，公司的营业收入从57.11亿元增至1738亿元，增长近30倍；矿山资源从相对单一的金属品类，扩展到铜、钴、钼、钨、铌、磷、镍等一系列优质资源；经营模式从单一开发转型为"矿山＋贸易"的现代矿业公司模式；服务对象从国内逐渐走向全球各地。

二、部署跨境支付终端产品，提升全球资金收付效率

随着全球化步伐加快，公司不仅需要向中国香港、瑞士等地区和国家支

付日常货款，还要经常向境外子公司增资或放款，对跨境资金收付安全性和时效要求越来越高。目前，美元和人民币是公司的主要结算货币，在当地政策允许、上下游企业支持配合的情况下，公司积极推动以人民币进行对外投资和货款支付。

为了提升跨境资金收付效率，在跨境清算公司及合作银行——交通银行洛阳分行的支持下，集团公司和全资子公司——洛阳鼎鸿贸易公司经过短短1个月的系统开发和测试，于2021年成功上线CISD，是洛阳市首批部署安装企业。上线CISD后，公司跨境资金池业务处理流程进行了相应完善优化，办理跨境资金池汇款业务时，财务人员线上录入付款信息，自动生成汇款报文，电子数据信息经公司授权U盾加密，通过一体化处理模式直通合作银行，提高了公司业务办理效率。同时，公司还可以根据收款人等信息预设线上业务模板，减少了人工重复录入。经过一段时间使用，财务人员普遍反馈业务办理比以往更加便捷、高效。

三、使用CISD跨境贸易投资人民币结算的典型案例

案例1：经常项下——采购巴西铌铁

铌（Nb）是在日常生活中鲜被提及的化学元素，但在钢铁工业中，则被公认是衡量一个国家钢铁工业质量与品质的重要指数。在一国钢铁总产量中使用铌的数量越多，意味着这个国家生产了更多高品质钢材。

全球铌资源分布高度集中，尤以巴西的铌矿资源储量最为丰富。作为全球主要的铌生产商，集团公司早在2016年就收购了位于巴西的NML铌矿，该矿负责铌矿石的勘探、开采、提炼、加工和销售。在日常向巴西采购铌铁过程中，先由巴西NML铌矿将铌铁出售给集团公司在中国香港、新加坡或瑞士的子公司，再由境内全资子公司——鼎鸿贸易公司向这些境外子公司进行采购。

上线CISD前，鼎鸿贸易公司向境外子公司支付货款时，只能通过线下汇款方式办理。财务人员需准备纸质付汇申请及相关背景资料并发起用印流程，涉及内部环节较多，用印后还要去合作银行临柜办理汇款业务。偶尔有材料准备不足或需要修改的情况，还要折返重新准备材料，往往耗时耗力，后续资金汇出到账时效难以保障。上线CISD后，付款指令电子发送至银行，单据真实性审核也实现了电子审单，即使汇款材料需要修改也能够直接退回，财务人员修改后再及时上传新的汇款指令及材料，大幅减少了"脚底成本"，业务办理时间比以往缩短了2~3天。并且，由于报文标准更统一，合作银行收到汇款报文后，无须再落地进行人工处理，还提升了业务办理效率，汇款时效从原来的3天缩短至1天以内。以2022年5月的一笔向新加坡子公司支付的货款为例，从上传材料到付款指令发出用时仅不到5分钟，最终货款金额305万美元的一笔跨境支付仅1小时就已入账新加坡子公司开户银行汇丰新加坡。

案例2：资本项下——为香港子公司增资或放款

公司在2014年取得外汇资金集中运营管理试点资格，2019年，根据《国家外汇管理局关于印发〈跨国公司跨境资金集中运营管理规定〉的通知》（汇发〔2019〕7号）规定，对跨国公司跨境资金集中运营业务重新申请备案，集中所有成员单位的外债额度和对外放款额度，并作为境内主办企业与境外成员企业开展跨境资金收付交易，主要办理增资、分红款、境外放款等资本项下资金清算业务。

公司资本项下业务涉及的金额较大，往往对汇款时效有严格要求，资金在途时间越短，资金使用效率越高。为了更好地掌握资金支付状态，公司在CISD基础上，还上线了支付透镜服务。支付透镜通过业务发起、状态反馈、状态查询等功能，能够帮助公司实时掌握汇款最新处理情况。

上线CISD后，公司对外增资和放款等资本项下汇款效率得到了显著提高。2022年，公司通过跨境资金池账户向境外子公司汇款，汇款当天，公司仅用时5分钟就通过CISD向合作银行发出付款指令。在CISD和支付透镜服务支撑下，汇款全程高效透明，汇款资金当天就入账香港子公司账户，第一时间满足了其资金需要。截至2023年4月底，已通过CISD进行资本项下汇款超37亿元。

洛钼集团　供稿

推动集团跨境资金结算业务创新，打造跨境结算"高速路"

■ 中国河南国际合作集团有限公司

中国河南国际合作集团有限公司（以下简称河南国合）是经国务院批准成立，隶属于河南省人民政府的大型国有外经企业集团。前身是1983年成立的中国河南国际经济技术合作公司，1999年11月重新组建成立中国河南国际合作集团有限公司。河南国合主要经营国际承包工程、国际工程咨询、矿业投资与管理、农业投资与管理、承担国际对外经济援助项目、进出口贸易等业务。河南国合自成立以来，先后在亚洲、非洲的20多个国家和地区成功实施了700多个国际承包工程项目，涵盖工业和民用建筑、道路桥梁、农田水利、电力、打井、城市公共设施等；在几内亚、利比里亚等国开展了铝矿、铁矿、铜矿、铀矿等项目的勘探勘查；与50多个国家和地区开展了进出口贸易。2002年以来连年入选全球250家最大国际工程承包商。

一、主动拓展跨境资金结算渠道

河南国合开展跨境收付业务，主要用于收取亚洲、非洲地区境外国际承包工程款、支付海外委托施工费等，跨境收付币种主要为美元与欧元。2022年，河南国合跨境资金交易流水约为23.52亿元人民币。

企业篇

为提升资金管理效率，确保资金收付安全，河南国合结合自身业务发展需要，不断尝试通过自主可控的跨境资金结算渠道开展相关业务。2022年初，河南国合在跨境清算公司的大力支持下，高质量完成CISD的注册申请、专线联通、安装调试、账户配置及上线工作。CISD的搭建完成也标志着河南国合跨境资金结算业务管理的进一步升级。

CISD是跨境清算系统直接和间接参与机构以及涉外企业之间的业务处理组件，是为解决跨境业务场景量身定做的业务处理与信息交互工具，在物理上延伸了CIPS网络覆盖范围，在功能上服务企业融入全球资金通汇主渠道，实现了跨境资金支付清算一体化处理。作为银行和企业之间的通信组件，CISD打通了跨境资金清算的"最后一公里"，在整合现有跨境资金支付渠道和资源、提高跨境清算效率、满足各主要时区的跨境资金结算需要，提高交易的安全性方面起到重要作用，为市场构建了公平的竞争环境。

截至2022年底，河南国合通过CISD向利比里亚、加纳、塞拉利昂、科特迪瓦、坦桑尼亚、乌干达、布隆迪、赞比亚、马拉维9个国家的合作单位进行了30余次汇款，汇款总金额约2200万美元。

二、跨境资金结算创新实践取得成效

借助CISD，企业提升了跨境资金收付业务的内部管理规范化水平和业务办理效率，实现了高效、透明的跨境资金管理。2022年3月，企业上线部署CISD后不到4周的时间里，先后发起办理了4笔跨境汇出汇款业务，用于支付企业境外乌干达、科特迪瓦项目的委托施工费，4笔款项均按时到账，确保项目顺利推进。其中，科特迪瓦项目受到了科特迪瓦总理的称赞。

2022年3月9日，首笔汇款业务办理当天，企业经办人员调用预先设置保存的收款人付款模板，录入汇款信息，经企业内部人员线上复核、财务负责人U盾加密授权审批后，通过CISD向当地交通银行发出付款指令，全程操作用时5分钟；汇款申请提交后，企业通过支付透镜，可实时追踪查询到资金在清算系统中的节点位置、结算渠道、费用收取、到账金额等信息，全程高

效、透明。最终企业境外委托施工方账户于48小时内实现资金全额入账，较其他渠道节约了1~2天办理时长，大大提升了跨境资金支付效率。

通过CISD办理跨境业务，最明显的感受是便利、快捷。一是在办理该笔业务过程中，河南国合首次实现了跨境资金结算业务的无纸化、线上化办理，业务经办人员无须到银行临柜办理跨境资金汇出手续，而是利用影像传输功能将业务所需背景材料、银行单据传输至合作银行端，合作银行凭借影像资料为客户办理跨境业务。大幅降低了"脚底成本"，对提升跨境支付效率和业务办理便利化效果明显，也为新冠病毒感染影响下的业务连续性提供了有力保障。二是办理跨境汇出汇款业务时，企业经办人员线上录入付款信息，复核人员与财务负责人通过系统不同角色权限进行复核、审批，自动生成汇款报文，电子数据信息经企业授权U盾加密后，通过一体化处理模式直通银行，将原先企业线下纸质填单、经负责人审批、出纳填写汇款单、会计人员复核的内部流程，全部转换为线上痕迹化处理，提升了内部规范管理水平。三是经办人可以预先设置线上业务模板，办理具体业务时直接引用修改，减少重复信息录入，提升了工作效率，节约了企业人力资源。四是汇出汇款业务提交系统后，企业通过支付透镜，实时查询监测资金在清算系统中的节点位置、结算渠道、费用扣取、到账金额等信息，实现了高效、透明的跨境资金管理。

三、融入CIPS生态圈助力集团高质量发展

河南国合未来将继续充分发挥自身优势，结合"十四五"规划，瞄准发展重点方向和主要任务持续精准发力，进一步优化境外市场布局，加速境外业务转型升级，主动融入新发展格局，塑造发展新动能新优势，在共建"一带一路"上争当国资国企的排头兵。同时，河南国合将进一步强化"本币优先"的国际收支理念，依托CIPS不断推广跨境人民币使用，降低第三方货币带来的外汇风险，积极融入CIPS生态圈，与跨境清算公司深度合作，在CIPS高效优质的结算服务下，探索新的应用场景，不断创新产品和服务，赋能集团业务高质量发展。

中国河南国际合作集团有限公司　陈阳　供稿

跨境创新服务，助力大宗商品人民币定价中心建设

■ 前海联合交易中心

深圳前海联合交易中心有限公司（以下简称前海联合交易中心）是2016年由香港交易及结算所有限公司（以下简称港交所）与前海金融控股有限公司（以下简称前海金控）投资设立的大宗商品现货交易平台（分别持股90.01%、9.99%），致力于提供联通境内外的商品仓储、交割、交易结算等现代供应链基础设施和公共服务。2018年5月16日获深圳市人民政府批复，于2018年10月19日正式开业。

2022年1月30日，前海联合交易中心收到《深圳市商务局关于支持在前海联合交易中心增设大豆等品种的通知》。该通知要求交易中心研究增设大豆等品种，组织上线交易。在商务部、深圳市人民政府的有关指示和要求下，前海联合交易中心组织筹备农产品跨境现货交易相关工作。作为一个公共服务平台，前海联合交易中心的跨境业务需要紧密契合客户实际业务需求，并且涉及多样化的跨境结算和融资场景。为了满足客户需求，平台需要与多家银行进行对接，但对接多家银行的银企直连投入成本大且耗时长，是业务迅速落地面临的一大难题。2021年初，前海联合交易中心通过合作银行的推介，接触到跨境清算公司，了解到跨境清算公司研发的CISD可有效解决此问题。

一、缘起，CIPS初接触

2021年，前海联合交易中心接收到CIPS的推广材料，研究发现CISD的跨境支付效率、运营成本、融资便利化的产品优势，为前海联合交易中心的国际化业务拓展和跨境支付业务提供了新的选择和解决方案。CISD支持GUI和API两种模式。GUI模式只需要安装客户端，无需开发成本，使用起来非常便捷；而API模式需要进行内部开发，但由于其拓展性强，CISD的标准化也非常灵活，支持"一套标准，直通全球"，因此从开发角度来看，可以大大减少开发工作量。不管是哪种模式，CISD都提供了高效的跨境支付解决方案，帮助企业实现跨境支付的快速、安全、便捷。经前海联合交易中心内部研究，API模式与前海联合交易中心自主研发的交易系统结算功能相结合，能够为参与商提供更加方便、快捷和安全的支付和结算服务，同时也能够降低企业的运营成本和融资成本，为参与商创造更多的价值，将进一步提升前海联合交易中心在跨境支付领域的竞争力和市场占有率。此外，CISD的标准化和通用性也能够为前海联合交易中心的国际化发展提供有力支持，扩大其在全球范围内的影响力和竞争力。经过市场调研和产品设计，前海联合交易中心内部达成一致意见，准备接入相关事宜，迅速向跨境清算公司递交材料申请接入。

2022年4月29日，前海联合交易中心成功上线CISD并推出了人民币跨境结算服务，合作银行为中国农业银行。前海联合交易中心也成为首个应用CISD API模式开展跨境人民币支付业务的大宗商品交易平台。

二、升级，跨境业务成功落地

2022年7月5日，境内买方通过前海联合交易中心在农业银行开设的专用账户，通过CISD完成跨境付款，资金当日到账，首笔跨境人民币业务成功落地。相关结算流程如图1所示。

图1 前海联合交易中心通过CISD跨境结算流程

该笔业务中，买卖双方以人民币作为计价结算币种在前海联合交易中心交易系统进行挂摘牌交易，在线使用CA签署的方式达成大宗商品跨境电子购销合同。经过两个月船期，货物到岸报关后，境内买方将货款划转至前海联合交易中心农业银行账户内，然后通过前海联合交易中心交易系统进行付款指令和贸易背景材料提交，由前海联合交易中心和农业银行通过CIPS渠道办理跨境付款，将货款支付到境外卖方的银行结算账户中，并完成国际收支申报。企业通过前海联合交易中心进行跨境人民币付款，对比线下与银行通过SWIFT办理跨境汇款，有以下特点。

一是付款手续便利。前海联合交易中心通过API对接的方式，将CIPS产品嵌入交易系统的结算流程。通过前海联合交易中心达成的交易，付款方无须到银行网点提交付款指令和贸易背景材料，交易与结算均通过前海联合交易中心系统完成，通过系统下达指令即可，无须安排专员快递邮寄纸质材料，达到一站式处理的效果。

二是支付效率大幅度提升。CIPS运行时间采用"5×24+4"模式，实现对全球各时区金融市场的全覆盖。以往客户线下汇款需要跨天到账的情况，切换到前海联合交易中心使用CIPS付款后可实现当日到账。各直接参与者一点接入，集中清算，大大缩短了支付路径，提高了清算效率。

三是规避汇率风险。前海联合交易中心通过CIPS以及银行的系统直连完成跨境支付、国际收支申报，在买方人民币货款支付后，香港的卖家最快2小时收到货款，通过锁定当天的汇率完成货币兑换，有效规避了汇率风险。

四是资金和信息安全。CISD在基础硬件、安全和网络设备多环节全面使用国产化产品,包括:支持自主可控的异构国产消息中间件、操作系统;使用国产密码SM2数字证书实现身份识别,同时兼容国际RSA数字证书,使用SM4进行通道加密,有效提高了端到端全链路跨境金融信息交换和资金清算安全性。

前海联合交易中心跨境结算服务上线半年以来,发生跨境付款业务金额总计11.3亿元,跨境付款业务规模相对较小,但也体现了前海联合交易中心在跨境支付领域的初步探索和实践。未来,随着前海联合交易中心的业务拓展和技术创新,跨境支付业务将会得到进一步的扩大和升级,为平台企业提供更加全面、高效、安全的国际化交易服务。此外,前海联合交易中心将继续加强与跨境清算公司的合作,引入先进的跨境支付技术和服务模式,如支付透镜、信用证业务等,提升自身的技术水平和市场竞争力。

三、展望,助力大宗商品人民币定价中心建设

2023年2月,中国人民银行等部门印发的《关于金融支持前海深港现代服务业合作区全面深化改革开放的意见》提出:"依法合规建设大宗商品现货交易平台。支持香港交易所前海联合交易中心开展大宗商品跨境现货交易人民币计价结算业务。依法合规拓展香港交易所前海联合交易中心的业务及功能,有序丰富交易品种,增强大宗商品定价能力。"作为一个全国性跨品类、综合性大宗商品现货交易中心,前海联合交易中心将积极响应中国人民银行等部门的意见,为深化前海深港现代服务业合作区改革开放作出积极贡献。

未来,前海联合交易中心与跨境清算公司将开展更广泛与更深度的合作,积极推动大宗商品交易的跨境人民币计价与结算,全面建成"海运提单—保税仓单—标准仓单"一体化服务平台,为境内外企业提供结算支付与贸易融资相结合的全流程解决方案。同时,前海联合交易中心将依托前海跨

境交易结算便利化政策和香港交易所集团的国际化优势，借助CIPS及CISD等各项产品，积极推进跨境结算配套服务。

前海联合交易中心将依托鲜明的市场化、国际化特征，在积极参与全球大宗商品市场体系规则的架构重塑、保障国家在关键资源领域的供应链安全等方面发挥重要和独特的作用。通过产品及服务的不断升级进一步扩大人民币跨境支付使用的广度和深度，致力于为平台参与商提供更加安全、便捷、可靠的跨境支付解决方案，为离岸市场互联互通提供更有效的支撑，助力全球大宗商品人民币定价中心建设。

前海联合交易中心　巢海明　韦佳秀　供稿

附 录

CIPS

▶ 附录1

CIPS产品服务

人民币跨境支付系统（Cross-border Interbank Payment System，CIPS），是经中国人民银行批准专司人民币跨境支付清算业务的批发类支付系统，致力于提供安全、高效、便捷和低成本的资金清算结算服务，是我国重要的金融市场基础设施，是跨境支付清算体系核心系统。

除支付清算外，CIPS还向各类跨境业务市场主体提供信息交互服务，支持汇款及账户管理、全额汇划、账户集中可视、支付透镜、信用证、债券通直通等服务，并且不断丰富国际结算工具及增值服务种类。

一、汇款及账户管理

（一）产品概要

汇款及账户管理服务基于ISO 20022国际标准，提供标准统一、界面一致的跨境汇款指令及账户信息交互方式，可实现跨境人民币业务一体化处理，提升跨境支付效率，降低管理成本，便利跨境贸易和投融资结算。

（二）服务对象

境内外银行类机构、非银金融机构及跨境支付相关市场机构。

（三）主要功能

全币种客户汇款、金融机构汇款、对账单发送、对账单补发申请、查询查复。

（四）示意图

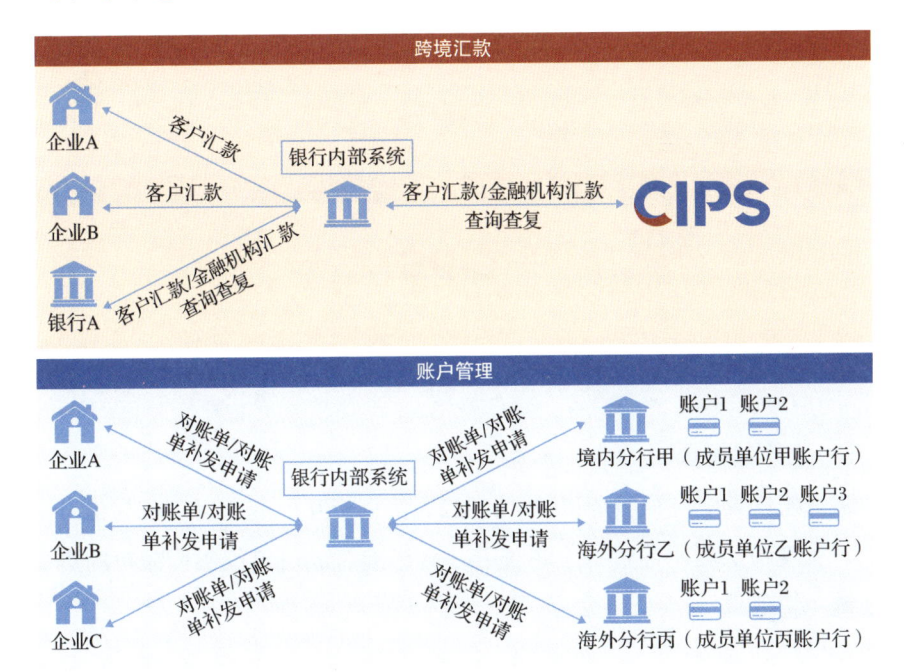

二、全额汇划

（一）产品概要

全额汇划服务是为满足客户对明确到账金额的跨境汇款需求推出的增值服务。汇路上各银行按照CIPS统一标准和业务规则，在识别全额到账客户汇款后，不在汇款本金中扣收结算手续费，确保收款人最终收到的金额和汇出金额一致。

（二）服务对象

对明确到账金额有需求的跨境支付市场主体，包括银行类机构、非银金融机构及跨境支付相关市场机构。

（三）主要功能

标识为全额到账的客户汇款发起及接收、银行间索费信息发起及接收。

（四）示意图

付款客户 1.全额到账业务发起 → 账户行 2.账务处理并转发 → CIPS → 3.账务处理及转发 → 账户行 4.全额到账办理 → 收款客户（全额到账）

银行A 1.索款申请 → CIPS 2.转发 → 银行B（索费）

三、跨行账户集中可视

（一）产品概要

跨行账户集中可视服务以ISO 20022为信息交互标准，以CIPS为信息交互中枢，实现跨国集团通过一个系统、一套标准对成员单位银行账户的集中可视及统一管理。

（二）服务对象

境内外银行业金融机构及有账户集中管理需求的跨国集团公司。

（三）主要功能

多银行每日对账单发送、指定日期对账单查询、余额查询、明细查询。

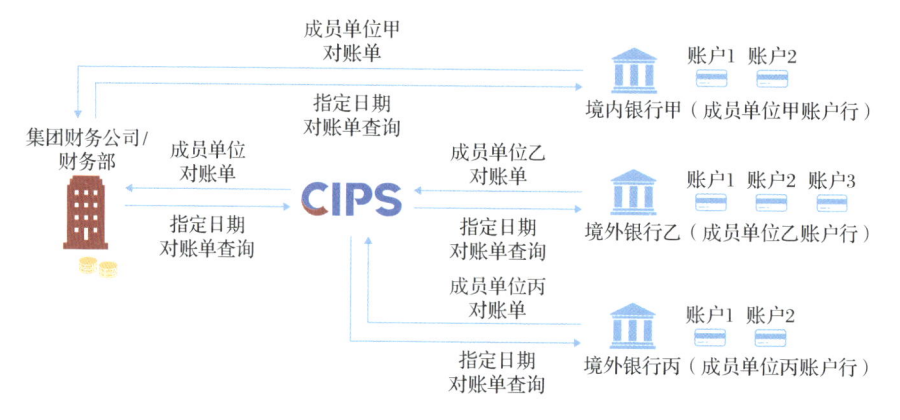

（四）示意图

集团财务公司/财务部 ←→ CIPS ←→ 境内银行甲（成员单位甲账户行）账户1 账户2；境外银行乙（成员单位乙账户行）账户1 账户2 账户3；境外银行丙（成员单位丙账户行）账户1 账户2

四、支付透镜

（一）产品概要

支付透镜服务融合运用大数据、人工智能等金融科技，为全球人民币用户提供即时、完整、一站式支付状态穿透式展示服务，可满足银行、非银金融机构等各类市场主体对跨境支付状态全天候查询需要，进一步改善人民币跨境支付体验。

（二）服务对象

境内外银行业金融机构、非银行金融机构及跨境支付相关市场主体。

（三）主要功能

付款方追踪、收款方追踪、业务处理状态查询、手续费查询、收款预测、业务处理效率分析。

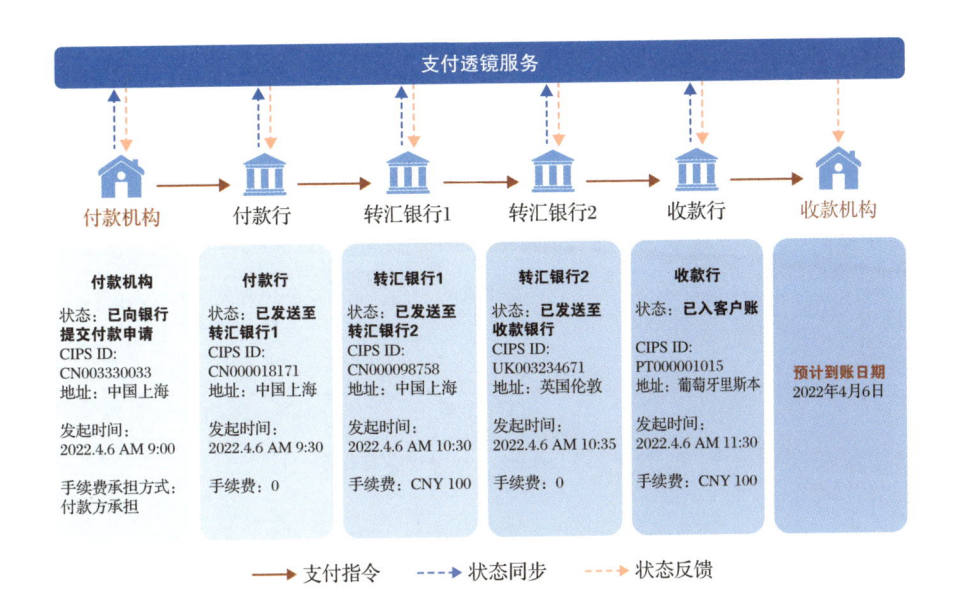

（四）示意图

支付透镜服务

付款机构 → 付款行 → 转汇银行1 → 转汇银行2 → 收款行 → 收款机构

付款机构
状态：已向银行提交付款申请
CIPS ID: CN003330033
地址：中国上海
发起时间：2022.4.6 AM 9:00
手续费承担方式：付款方承担

付款行
状态：已发送至转汇银行1
CIPS ID: CN000018171
地址：中国上海
发起时间：2022.4.6 AM 9:30
手续费：0

转汇银行1
状态：已发送至转汇银行2
CIPS ID: CN000098758
地址：中国上海
发起时间：2022.4.6 AM 10:30
手续费：CNY 100

转汇银行2
状态：已发送至收款银行
CIPS ID: UK003234671
地址：英国伦敦
发起时间：2022.4.6 AM 10:35
手续费：0

收款行
状态：已入客户账
CIPS ID: PT000001015
地址：葡萄牙里斯本
发起时间：2022.4.6 AM 11:30
手续费：CNY 100

收款机构
预计到账日期
2022年4月6日

→ 支付指令　--→ 状态同步　--→ 状态反馈

五、信用证服务

（一）产品概要

信用证是国际贸易中的最常用结算方式之一。为使跨境信用证业务办理更高效、更便捷，跨境清算公司推出了CIPS信用证服务。该服务基于ISO 20022标准，为跨境信用证业务全生命周期业务提供标准化、一体化解决方案，有效减少人工线下处理环节，节省业务处理时间成本。

（二）服务对象

银行业金融机构、有信用证业务需求的涉外企业等市场机构。

（三）主要功能

银银间信用证开立/修改申请、寄单/到单通知、付款/承兑通知等。银企间信用证开立/修改申请、信用证开立/修改通知、信用证到单通知、信用证结算、信用证结算通知、信用证闭卷、信用证闭卷通知等。

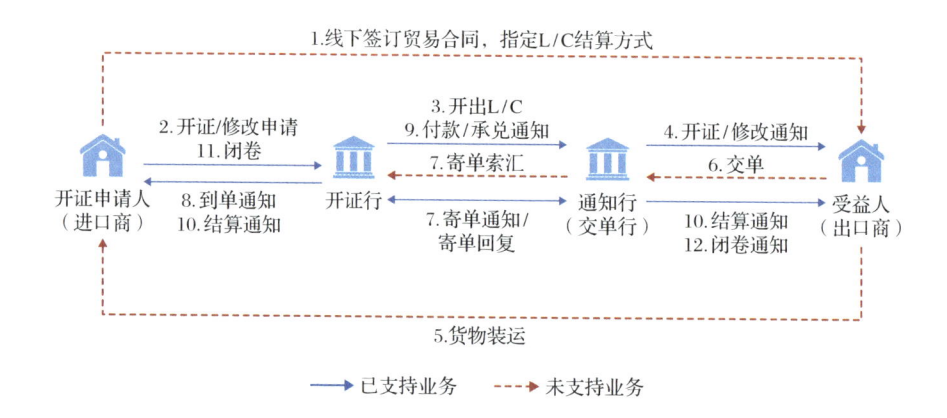

（四）示意图

```
                    1.线下签订贸易合同，指定L/C结算方式
       ┌──────────────────────────────────────────────────────┐
       │                                                      │
       │            3.开出L/C                                  │
       │   2.开证/修改申请    9.付款/承兑通知    4.开证/修改通知   │
       │   11.闭卷            7.寄单索汇         6.交单         │
     开证申请人 ─────────→ 开证行 ←─────→ 通知行 ←─────── 受益人
     （进口商）  8.到单通知         7.寄单通知/  （交单行） 10.结算通知 （出口商）
                10.结算通知         寄单回复              12.闭卷通知
       │                                                      │
       └──────────────────────────────────────────────────────┘
                              5.货物装运

           ──→ 已支持业务      ┄┄→ 未支持业务
```

190

六、债券通直通服务

（一）产品概要

债券通直通服务通过优化现有债券通结算银行和债券通参与者间指令、信息的交互方式，提供结算报文实时转发、收付款自动处理以及数据申报管理等全流程线上化处理服务，进一步提升债券通业务处理效率，助力债券通业务高质量发展。

（二）服务对象

债券通结算银行、债券通参与者。

（三）主要功能

债券买入结算通知及确认、债券卖出结算入账通知、成交单数据申报、业务统计查询。

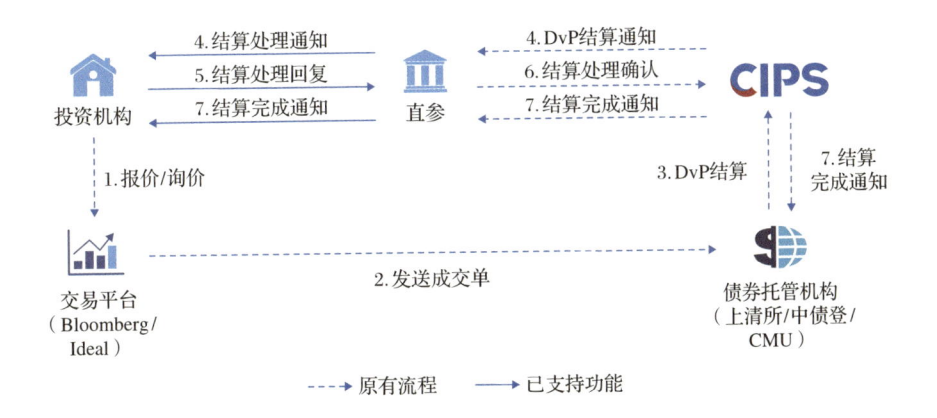

（四）示意图

附录2

CISD
（CIPS标准收发器）
实施指引

CIPS标准收发器是直参与间参以及企业之间的业务处理组件，是为跨境人民币业务场景量身定做的业务处理与信息交互工具，是CIPS基础服务和创新服务的载体，可实现跨境支付一体化处理，旨在解决人民币跨境使用的"最后一公里"问题。跨境创新服务终端机（Cross-border Innovative Service Device，CISD）是标准收发器的升级版，可为CIPS直接参与者与间接参与者及最终用户提供标准收发器软硬件一体化解决方案，可实现标准收发器的开箱即用、一键升级和便捷运维。

CISD（CIPS标准收发器）应用实施过程包括注册申请、环境准备、安装部署及开发测试、投产上线四个阶段，具体如下。

一、注册申请

（一）注册用户社区

非CIPS用户社区用户需先注册用户社区账号。在官网首页（www.cips.com.cn）点击"用户社区"栏目，填写注册字段后，等待邮件通知用户社区账号与CIPS ID。

（二）申请CISD（CIPS标准收发器）及增值服务

1. 填写"产品注册表"等信息

用户社区用户登录后点击"产品申请—跨境创新服务终端机（CISD）"进入CISD产品专区，点击页面中的"产品与服务申请"进入注册专区并开始引导流程。用户可在线填写CISD申请并勾选所需增值服务信息，系统将自动生成"产品注册表"供用户下载，并开放上传权限。同时"下载专区"内提供"产品注册表""数字证书管理表"空白模板供用户自行下载填写。以上两表填写完成后需经负责人签署并加盖公章。（注：采用GUI界面方式的机构须在"数字证书管理表"中同时勾选UKey）

2. 上传"产品注册表"及营业执照

用户于"上传专区"内相应栏位提交"产品注册表"，于"机构登记注册文件"栏位提交营业执照。跨境清算公司审核无误后，将通过邮件通知审核结果并发放产品资料。

注："数字证书管理表"在临近投产上线时于"上传专区"提交，详见"四、投产上线"步骤。

3. 已上线客户申请增值服务

已申请CISD（CIPS标准收发器）的用户可单独申请增值服务。用户可登录用户社区，点击"产品申请—跨境创新服务终端机（CISD）—产品与服务申请"后，勾选所需的增值功能并勾选同意《CIPS产品申请注意事项》，通过邮箱验证后即成功提交。跨境清算公司审核无误后，将通过邮件发放产品升级相关资料。

二、环境准备

（一）设备采购

机构可向通过跨境清算公司认证的设备厂商采购CISD软硬件一体化设备，也可根据《CIPS标准收发器系统运行环境需求》准备相关软硬件环境。

（二）资源准备

设备及部署环境准备完成后，可通过邮件或电话通知产品支持人员发放产品授权码License文件。

三、安装部署及开发测试

CISD（CIPS标准收发器）提供API接口、GUI界面两种应用方式。直接参与者向间接参与者、非银行金融机构及企业等提供CISD（CIPS标准收发器）相关服务，需使用API接口模式，对行内相关系统进行适应性改造，实现业务直通式处理。其他用户可根据自身业务需求选择其中一种应用方式。

（一）产品安装

采购CISD设备后，联系CISD厂商进行产品安装初始化。使用标准收发器软件部署方式上线的客户可联系账户行或CIPS技术支持人员协助指导安装。

（二）接口开发

采用API接口方式，需根据《CIPS标准收发器报文交换标准》《CISD内部系统使用队列说明》进行内部系统对接CISD（CIPS标准收发器）接口开发。采用GUI界面方式，无需接口开发。

（三）联调测试

采用API接口方式，须与对端机构进行联调测试；采用GUI界面方式，可按需开展联调测试。

1. 测试环境就绪后，联系CIPS技术支持人员，申请测试数字证书并在设备厂商支持下，于有效期内（14天）下载数字证书并导入签名服务器（CISD内置）。

2. 与对端机构建立测试网络连接，在防火墙策略中开放相关端口，开展联调测试。直参行若无对端机构，可向CIPS公司申请用于模拟测试的介质及手册，自行进行模拟测试。

四、投产上线

（一）生产环境数字证书及UKey申请

生产环境就绪后，在CIPS用户社区"产品申请—跨境创新服务终端机（CISD）—上传专区"提交"数字证书管理表"，申请生产环境数字证书两码。采用GUI界面方式的机构须在"数字证书管理表"中同时勾选UKey。机构可选择上门领取、委托领取，或者由跨境清算公司邮寄的方式领取。

获取生产环境数字证书两码后，在设备厂商支持下，于有效期内（14天）下载数字证书并导入签名服务器中（CISD内置）。

（二）生产部署

参考《CIPS 标准收发器系统运行环境需求》《CIPS标准收发器安装部署手册》进行生产环境的安装部署。根据用户手册完成初始配置，同步进行内部系统生产变更。

（三）生产网络联通

与对端机构建立生产网络连接，在防火墙策略中开放相关端口。

（四）生产环境验证

在本方及对端机构完成生产环境部署及生产网络联通后，通过互发数字证书绑定通知报文（cips.903）进行技术验证。

（五）上线登记

投产上线后，直参机构需通过CIPS用户社区（www.cips.com.cn）"产品申请—跨境创新服务终端机（CISD）—下载专区"下载填写"银行类机构上线通知表"，并于"上传专区"提交，进行上线登记。非直参机构可委托账户行填写"非银行类机构上线登记表"并上传提交。

▶▶ 附录 3

用户手册
—CIPS标准收发器
企业版

1. 名词解释

【CIPS】：指人民币跨境支付系统，为其参与者的跨境人民币支付业务和金融市场业务等提供资金清算结算服务。

【CIPS ID】：CIPS ID是跨境清算公司自主定义的面向跨境支付主体的身份识别方式，分为机构代码和个人代码。机构代码由十一位字符组成，个人代码由十位字符组成。

【LEI】：即法人机构识别编码，是按照国际标准化组织的《金融服务法人机构识别编码》（ISO 17442：2012）标准为法人机构分配的由20位数字和字母组成的唯一编码，可以用于标识与国际金融交易相关联的法人机构，英文全称是 Legal Entity Identifier，简称LEI 编码。

【直接参与者】：指CIPS直接参与者。直接参与者是指在CIPS开立账户、具有CIPS行号，直接通过CIPS办理人民币跨境支付结算业务的机构。

【间接参与者】：指CIPS间接参与者。间接参与者是指未在CIPS开立账户，但具有CIPS行号，委托直接参与者通过CIPS办理人民币跨境支付结算业务的机构。

【API】：应用程序接口。是一些预先定义的接口（如函数、HTTP接口），或软件系统不同组成部分衔接的约定，用来提供应用程序与开发人员基于某软件或硬件得以访问的一组例程。

【GUI】：图形用户界面。指采用图形方式显示的计算机操作用户界面。

【Ukey】：硬件密钥设备。集成密钥算法，可以存储用户私钥和数字证书，实现用户身份认证。本系统使用Ukey进行身份验证和重要业务授权，保证系统安全。

2. 汇款业务

2.1 汇出汇款录入

具有业务经办权限用户可使用该功能，点击左侧菜单"汇款业务—汇出汇款录入"，进入汇出汇款录入界面。

2.1.1 新建一笔汇款指令
2.1.1.1 进入汇出汇款录入界面

点击界面左侧的加号按钮，新建一笔汇出汇款指令。

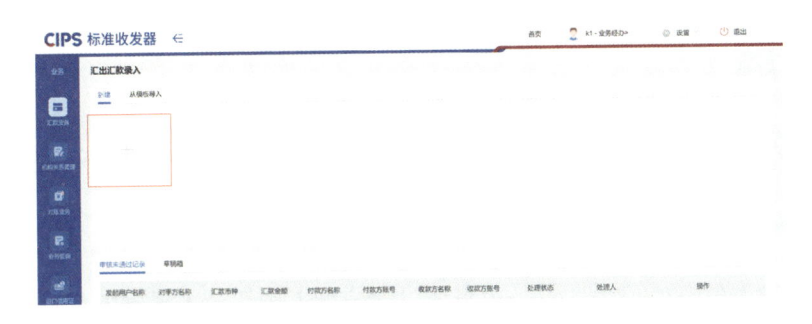

2.1.1.1.1 分页录入所需信息

1. 汇款信息。在第一TAB页录入汇出汇款的汇款信息，包括汇款类型、收报方、端到端标识号、收款方信息、付款方信息、汇款币种及金额、业务种类编码等信息，端到端标识号可选择【一键生成】或手动输入，一键生成的端到端标识号会根据选择的汇款类型生成特定规则的序列（CPSS ID），以此支持全额汇划业务的开展（汇款类型选择普通汇款、全额到账则会分别对应生成C01、C02的35位CPSS ID且会同步填入致收款人银行附言栏位）。

企业如开通了支付透镜，在发出带有CPSS ID的客户汇款报文时，系统还将自动发送一笔支付状态报文，用来追踪该笔汇款在汇路上各节点的处理情况。

收款方信息栏位中，点击【新增收款信息】按钮录入收款方信息，包括收款方名称、收款方开户机构等信息；也可点击收款方名称输入框，选择维护的常用汇款信息快速填入。

付款方信息栏位中，点击【新增付款信息】按钮录入付款方信息，包括付款方名称、付款方开户机构等信息；也可点击付款方名称输入框，选择维护的常用汇款信息快速填入。

点击右上角的【清空】按钮，所有录入的汇款信息会被清空。

2.高级信息。在第二个TAB页录入高级信息，包括付款直接参与者、付款间接参与者、收款直接参与者、收款间接参与者、中介机构等汇路信息及起息日、原始币种、业务优先级等其他信息。点击右上角的【清空】按钮，所有录入的汇款信息会被清空。

3.附件信息。在第三个TAB页附件信息页面可点击【上传】按钮选择本地文件进行上传（每个文件大小不超过5M，汇总文件不超过50M）。上传成功后，已上传的文件将在下方列表展示，待正式提交汇款指令时自动上传。点击列表右侧【下载】和【删除】按钮可对文件进行下载和删除的操作。

在分页录入汇款信息时，可在下方的操作栏点击【预览】按钮进入信息预览界面，可看到录入的所有信息及上传的文件，确认无误后，点击【提交】，弹出框提示"是否确认提交？"，点击【确定】，则该笔汇出汇款指令提交至复核人员等待审核。

2.1.1.1.2 保存草稿

在最后完成提交之前的任何一步点击【保存草稿】，输入草稿名称，将已输入的信息保存为草稿，方便下次继续输入。可在汇出汇款录入界面下方"草稿箱"标签页内查看保存的草稿。

2.1.1.2 从模板导入一笔汇款指令

保存的模板可在汇出汇款录入界面的标签"从模板导入"中看到，并可在该列表中对某一模板进行【载入】或【删除】操作。

点击【载入】，则自动跳转至汇出汇款指令录入界面，模板中所有信息显示在相应栏位，并均可修改。其余操作与 2.1.1.1 节一致。需注意点击【保存模板】时，会更新当前模板。

点击【删除】，经二次确认后，删除该模板。

2.1.1.3 从草稿箱继续处理汇款指令

保存的草稿可在汇出汇款录入界面下方标签"草稿箱"中看到，并可在该列表中对某一草稿进行【继续编辑】或【删除】操作。

点击【继续编辑】，则自动跳转至汇出汇款指令录入界面，草稿中的内容显示在相应栏位，继续填写剩余内容。其余操作与2.1.1.1节一致。需注意点击【保存草稿】时，会更新当前草稿。

点击【删除】，经二次确认后，删除该草稿。

2.1.1.4 修改审核未通过指令

在汇出汇款录入界面下方标签"审核未通过记录"中可看到所有审核未通过的指令，处理状态为"未处理"的汇款指令，操作栏中提供【详情】、【开始处理】按钮；若处理状态为"处理中"，则操作栏中提供【详情】、【继续处理】按钮。

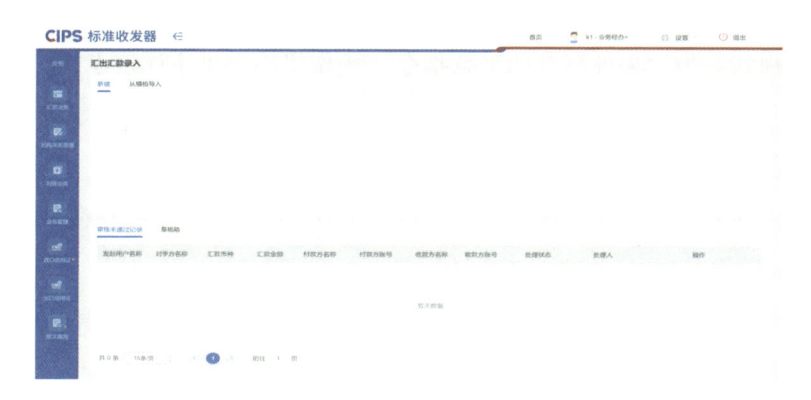

点击【详情】，则可看到该笔指令的所有信息及复核人员的处理意见；点击【开始处理】/【继续处理】，则跳转至汇出汇款指令录入界面，显示原指令的所有内容，均可修改。其余操作与2.1.1.1节一致。

经办用户点击处理状态为"未处理"的指令操作栏中的【开始处理】，则进入该笔指令修改界面，同时该笔指令的处理状态变更为"处理中"，操作栏中的【开始处理】变更为【继续处理】，且该笔指令只能由当前经办用户继续处理，若其他经办用户点击【继续处理】，【继续处理】按钮会置灰且无法继续点击。

2.1.2 汇出汇款审核

具有业务复核权限用户可使用该功能。

2.1.2.1 汇出汇款审核列表界面

点击左侧菜单"汇款业务—汇出汇款审核"，进入汇出汇款审核列表界面，下方列表默认显示所有待审核的汇出汇款指令。

处理状态为"未处理"的汇款指令，操作栏中提供【详情】、【开始处理】按钮；若处理状态为"处理中"，则操作栏中提供【详情】、【继续处理】按钮。

也可在界面上方输入搜索条件后点击【查询】，搜索结果将在下方列表中展示。

点击列表操作栏中的【详情】，可查看该笔指令的所有信息及相关附件。

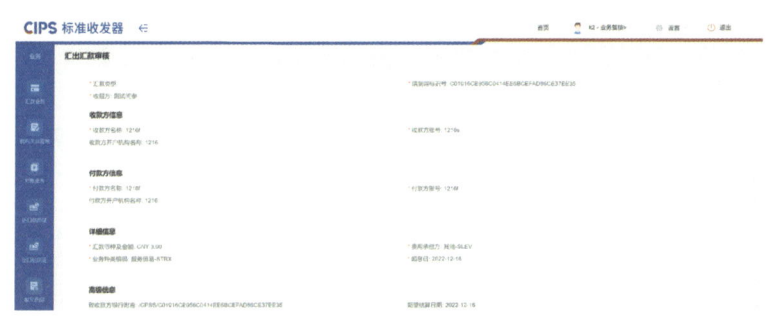

点击处理状态为"未处理"的汇款指令操作栏中的【开始处理】，则进入该笔汇出汇款指令审核界面，同时该笔汇款指令的处理状态变更为"处理中"，操作栏中的【开始处理】变更为【继续处理】，且该笔汇款指令只能由当前复核用户继续处理，若其他复核用户点击【继续处理】，【继续处理】按钮将会置灰且无法点击。

2.1.2.2 审核通过

点击某笔指令右侧操作栏中的【开始处理】，进入单笔汇出汇款指令的审核界面，可看到该笔指令的所有信息及相关附件，并可输入处理意见。点击【通过】，经二次确认后，该笔汇出汇款指令提交至授权用户。

2.1.2.3 审核不通过

进入审核界面，可输入处理意见，点击【拒绝】，经二次确认后，该笔汇出汇款指令被拒绝，并被退回至"汇款业务—汇出汇款录入"界面"审核未通过记录"列表中（详见2.1.1.4节）。

2.1.2.4 其他功能

在审核界面中，点击【操作历史】，显示该笔汇出汇款指令涉及的操作时间、操作人员及意见内容。

在审核界面中，点击【返回】，则返回至汇出汇款审核列表界面。

在审核界面中，点击【取消处理】，则返回至汇出汇款审核列表界面，并将该笔汇款指令的处理状态更改为"未处理"，此时其他复核人员可对该笔汇款指令进行审核。

2.1.3 汇出汇款授权

具有业务授权权限用户可使用该功能。

2.1.3.1 授权列表

授权用户点击左侧菜单"汇款业务—汇出汇款授权",进入汇出汇款授权列表界面,下方列表默认显示所有待授权的汇出汇款指令。

处理状态为"未处理"的汇款指令,操作栏中提供【开始处理】按钮;若处理状态为"处理中",则操作栏中提供【继续处理】按钮。

也可在界面上方输入搜索条件后点击【查询】,搜索结果将在下方列表中展示。

点击处理状态为"未处理"的汇款指令操作栏中的【开始处理】,则进入该笔汇出汇款指令授权界面,同时该笔汇款指令的处理状态变更为"处理中",操作栏中的【开始处理】变更为【继续处理】,且该笔汇款指令只能由当前授权用户继续处理,若其他授权用户点击【继续处理】,系统将提醒"该笔业务已被×××领取,该用户归还业务才可重新领取!"且无法进入该笔指令的授权界面。

2.1.3.2 授权通过

点击某笔指令右侧操作栏中的【开始处理】,进入单笔汇出汇款指令的授权界面,可看到该笔指令的所有信息及相关附件,并可输入处理意见。

授权人员确认已安装安全控件与Ukey驱动，点击【通过】按钮，经二次确认后，在弹出框内输入Ukey PIN码，点击【确定】，则正式发出汇款指令。

2.1.3.3 授权不通过

进入授权界面，可输入处理意见，点击【拒绝】，经二次确认后，该笔汇出汇款指令被拒绝，并被退回至"汇款业务—汇出汇款录入"界面"审核未通过记录"列表中（详见2.1.1.4节）。

2.1.4 汇出汇款查询

点击左侧菜单"汇款业务—汇出汇款查询"，进入汇出汇款查询列表界面，界面下方列表默认显示所有汇出汇款指令，包括未发送、已发送、对方已接收或发送异常的汇出汇款指令，列表操作栏中提供【详情】、【汇款进度查询】和【重新编辑】按钮。

也可在界面上方输入搜索条件后点击【查询】，搜索结果将在下方列表中展示。

点击列表操作栏中的【详情】，可查看该笔指令的所有信息、相关附件及处理历史，并可将该笔汇出汇款详情导出为PDF。

为便于查看汇款进度，系统提供单独页面用于展示最新的汇款进度信息。

点击【汇款进度查询】按钮，进入汇款进度查询界面，可以看到与此笔汇款信息相关联的汇款进度处理信息。（开通支付透镜服务后才能够查看汇款进度）

209

[图示：CIPS标准收发器 汇款进度详情界面]

（注意：汇出汇款查询列表中只有已授权发出的汇款信息中的CPSS ID栏位显示有值，【汇款进度查询】按钮方可点击，其他状态的汇出汇款查询列表中的CPSS ID栏位显示为空，【汇款进度查询】按钮处于不可点击状态。）

[图示：CIPS标准收发器 汇出汇款查询界面]

[图示：CIPS标准收发器 汇出汇款查询界面]

当列表中的汇款信息中的报文处理状态为"已拒绝"或者"已撤销"，可点击右侧操作栏中的重新编辑操作按钮，使用原有的汇款指令相关信息重新建立一笔新的汇款指令。（注意原有的端到端标识和至收款人银行附言会置空，需操作人员重新录入）

2.2 汇入汇款查询

2.2.1 已入账

点击左侧菜单"汇款业务—汇入汇款查询",进入已入账的TAB界面,界面下方列表默认显示所有已接收的汇入汇款指令,列表操作栏中提供【详情】和【汇款进度查询】按钮。

也可在界面上方输入搜索条件后点击【查询】,搜索结果将在下方列表中展示。

点击列表操作栏中的【详情】,可查看该笔指令的所有信息,并可将该笔汇入汇款详情导出为PDF。

点击列表操作栏中的【汇款进度查询】按钮查看从收款追踪开始节点到已入账节点时间汇款进度详情(需开通支付透镜服务)。

2.2.2 在途资金（需开通支付透镜服务）

1. 点击左侧菜单"汇款业务—汇入汇款查询"，进入汇入汇款查询列表界面。点击"在途资金"TAB页可进入在途资金列表界面，界面下方显示所有在途资金（对方已汇款，但未到账）信息。点击列表操作栏中的【汇款进度查询】按钮，可查询此笔收款业务的汇款进度。

2. 当系统接收到对应的汇入汇款报文（已入账）后，这笔收款业务则会从"在途资金"转至"已入账"。

3. 对账业务

3.1 对账单查看

点击左侧菜单"对账业务—对账单查看"，进入对账单列表界面，界面下方列表默认显示已收到的所有对账单，列表操作栏中提供【详情】按钮。

也可在界面上方输入搜索条件后点击【查询】，搜索结果将在下方列表中展示。

点击列表操作栏中的【详情】，可查看该笔对账单明细。

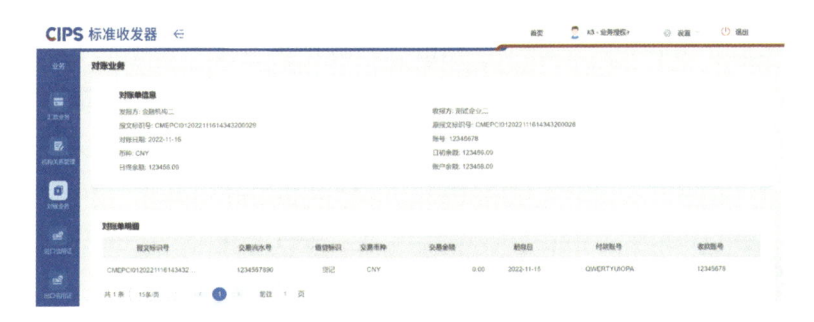

3.2 对账单补发申请

具有经办权限用户在对账单列表界面上方点击【补发申请】，在弹出的对话框中输入相关信息，点击【提交】，则发送对账单补发申请指令。

213

4. 支付透镜服务

CIPS支付透镜服务是基于标准收发器提供的增值服务，运用大数据、人工智能等金融科技，为全球人民币用户提供即时、完整、覆盖全链路、一站式的支付状态穿透式展示服务，满足企业、银行等跨境支付主体对跨境支付状态全天候查询需要。

支付透镜服务分为直连模式和间连模式。直连模式是指与CIPS后台直接建立网络连接；间连模式是指通过直连机构与CIPS后台间接建立网络连接。

4.1 生成CPSS ID

CPSS ID是支付透镜服务唯一标识号，由35位数字和字母组成，标识唯一一笔业务，在整条支付链路中不改变。

付款企业发起客户汇款时，点击端到端标识号【一键生成】，则可生成一个CPSS ID，自动填入"端到端标识号"栏位和"致收款人银行附言"栏位。

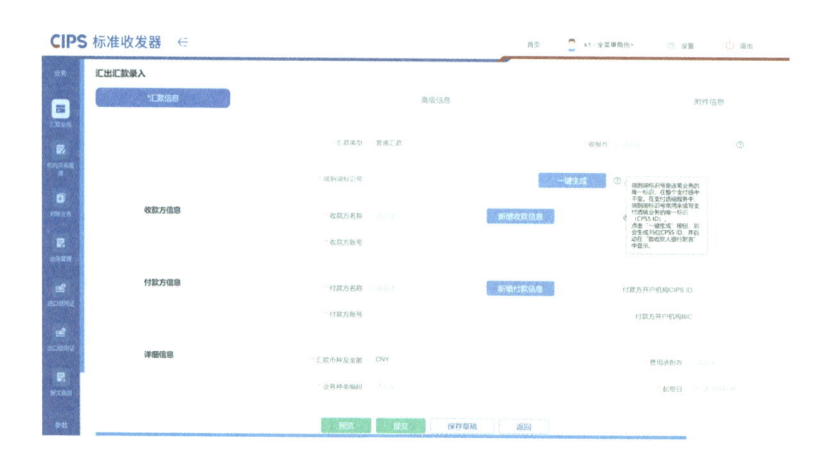

4.2 发送支付状态报文（cprd.360）

付款企业向某银行发出带有CPSS ID的客户汇款报文时，系统将自动发送一笔支付状态报文（cprd.360）至该银行（间连模式）或CIPS后台（直连模式），启动一笔CPSS业务。

4.3 汇出汇款进度查询

点击左侧菜单"汇款业务—汇出汇款查询",进入汇出汇款查询列表界面。若某笔客户汇款业务包含CPSS ID,且已发送支付状态报文(cprd.360),则可点击右侧【汇款进度查询】按钮查询当前的汇款进度详细信息。

4.4 汇入汇款进度查询

1.点击左侧菜单"汇款业务—汇入汇款查询",进入汇入汇款查询列表界面。点击"在途资金"TAB页可进入在途资金列表界面,界面下方显示所有在途资金(对方已汇款,但未到账)信息。点击列表操作栏中的【汇款进度查询】按钮,可查询此笔收款业务的汇款进度。

2.当系统接收到对应的汇入汇款报文（已入账）后，这笔收款业务则会从"在途资金"转至"已入账"。

5. 业务管理

业务人员可通过业务管理功能设置默认收报方及维护常用收付款信息。

常用汇款信息维护实现企业对多个收付款账号的存储管理，方便在汇出汇款业务发起时的汇款信息页面中快速填入收付款方信息。

点击左侧菜单"业务管理—常用汇款信息维护"，进入常用汇款信息维护界面。界面下方常用汇款信息列表中默认显示已添加的常用汇款信息，每条汇款信息右侧的操作栏有四个按钮【修改】、【删除】、【冻结】、【恢复】。

也可在界面上方输入搜索条件后点击【查询】，搜索结果将在下方列表中展示。

5.1 新增

点击界面左侧的【新增】，在弹出的对话框中录入收付款方名称等信息（带*为必填项），点击【提交】按钮提示"添加成功"，可新增一条常用汇款信息，并在常用汇款信息列表中显示。

新增账号后，所有归属为"付款方"的正常状态账号，在汇出汇款录入时的第一个TAB页"汇款信息"页面中付款方名称输入框可进行选择，所有归属为"收款方"的正常状态账号在收款方名称输入框中可进行选择。选择完成后，相应的账号信息会填入相应的栏位。

5.2 修改

点击常用汇款信息维护列表中任意一条记录右侧的【修改】按钮，弹出对话框显示该汇款信息的各项要素，直接修改相应内容，点击【提交】按钮提示"修改成功"，则该汇款信息被修改。

5.3 删除

点击常用汇款信息维护列表中任意一条记录右侧的【删除】按钮，弹出提示框提示"确认是否删除，删除后将不再在该页面显示"，点击【确定】按钮提示"删除成功"，则此条记录被删除。

5.4 冻结

点击常用汇款信息维护列表中任意一条状态为"正常"的记录右侧的【冻结】按钮，弹出提示框提示"确认是否冻结？"，点击【确定】按钮提示"冻结成功"，则此条记录账号状态被置为冻结。被冻结的汇款信息将不在汇出汇款录入时汇款信息页面中的收付款方名称输入框中的查询列表中展示。

5.5 恢复

点击常用汇款信息维护列表中任意一条状态为"冻结"的记录右侧的【恢复】按钮，弹出提示框提示"确认是否恢复？"，点击【确定】按钮提示"恢复成功"，则此条记录账号状态被置为正常，且可在汇出汇款录入时汇款信息页面中的收付款方名称输入框中的查询列表中展示。

6. 机构关系管理

6.1 机构关系总览

用户点击左侧菜单"机构关系管理—机构关系总览"，进入机构关系总览界面，如下图所示。——可查询所有的机构间关系。

界面包括查询条件模块和查询列表展示模块，界面默认查询条件全部为空，查询列表展示模块隐藏不显示；在查询条件模块，可对应输入相关查询条件，查询条件不可全部为空。

1. 点击【查询】按钮，可以根据输入条件查询对应的机构关系并展示在列表中。

2. 点击【重置】按钮，清空查询条件的内容。

3. 点击【导出】按钮，导出所有勾选的机构关系总览。

用户在机构关系总览界面中的查询列表展示模块，选择其中任意一笔记录，点击【详情】按钮，进入查看机构关系总览详情界面，如下图所示；点击【返回】按钮，返回机构关系总览界面。

6.2 机构关系发送

用户点击左侧菜单"机构关系管理—机构关系发送",进入机构关系发送界面,如下图所示。——可查询所有授权的机构间关系。

界面包括查询条件模块和查询列表展示模块,界面默认查询条件全部为空,查询列表展示模块隐藏不显示;在查询条件模块,可对应输入相关查询条件,查询条件不可全部为空。

1.点击【查询】按钮,可以根据输入条件查询对应的机构关系并展示在列表中。

2.点击【重置】按钮,清空查询条件的内容。

6.2.1 发送详情

用户在机构关系发送界面中的查询列表展示模块,选择其中任意一笔记

221

录，点击【详情】按钮，进入查看机构关系发送详情界面，如下图所示；点击【返回】按钮，返回机构关系发送界面。

6.2.2 机构关系新增/变更

用户在机构关系发送—待处理列表界面中的查询列表展示模块，点击【新增】按钮，或在机构关系发送—已处理列表界面中的查询列表展示模块，选择其中任意一条已启用记录，点击【变更】按钮，进入机构关系新增/变更界面，如下图所示，点击【返回】按钮，返回机构关系发送界面。

1. 经办人员输入或修改输入项后，点击【提交】，若输入项符合栏位校验规则，弹窗提示"是否确认提交？确定/取消"，如下图所示，点击【确定】，界面提示"提交成功"，报文提交至"机构关系复核"模块。报文处理状态变为"待复核"；若输入项不符合字段校验规则，界面提示"提交失败"，需经办人员重新修改录入项并再次提交。点击【取消】则留在当前页面。

2. 点击【重置】按钮，清空当前所有输入项。
3. 点击【返回】按钮，返回机构关系发送界面。

6.2.3 机构关系撤销

用户在机构关系发送—已处理列表界面中的查询列表展示模块，点击【撤销】按钮，弹出机构关系撤销弹窗，如下图所示，点击【返回】按钮，返回机构关系发送界面，点击【确认】按钮，则撤销该机构关系。

6.3 机构关系接收

用户点击左侧菜单"机构关系管理—机构关系接收",进入机构关系接收界面,如下图所示。——可查询所有被授权的机构间关系。

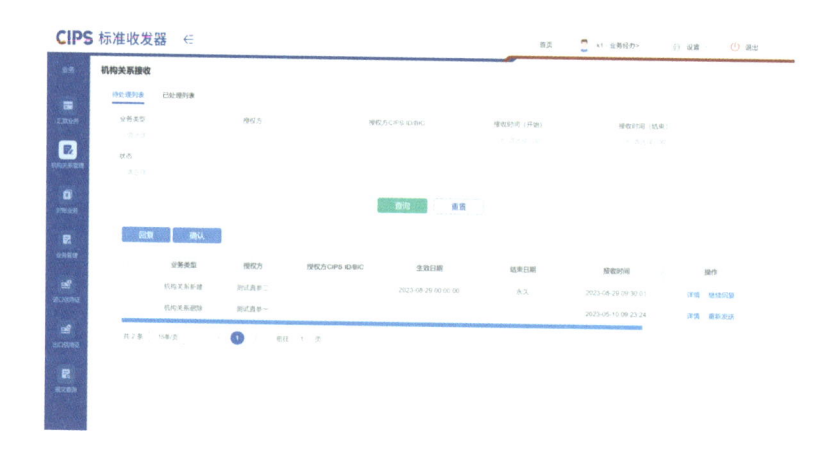

界面包括查询条件模块和查询列表展示模块,界面默认查询条件全部为空,查询列表展示模块隐藏不显示;在查询条件模块,可对应输入相关查询条件,查询条件不可全部为空。

1. 点击【查询】按钮,可以根据输入条件查询对应的机构关系并展示在列表中。

2. 点击【重置】按钮,清空查询条件的内容。

6.3.1 详情

用户在机构关系接收界面中的查询列表展示模块，选择其中任意一笔记录，点击【详情】按钮，进入查看机构关系发送详情界面，如下图所示；点击【返回】按钮，返回机构关系发送界面。

6.3.2 删除

用户在机构关系接收—已处理列表界面中的查询列表展示模块，点击【删除】按钮，弹出机构关系删除弹窗，如下图所示，点击【返回】按钮，返回机构关系发送界面，点击【确认】按钮，则删除该机构关系。

225

6.3.3 回复机构关系新建/变更

用户在机构关系发送—待处理列表界面中的查询列表展示模块，点击【回复】按钮，弹出机构关系回复页面，如下图所示，点击【返回】按钮，返回机构关系接收界面。

6.3.3.1 回复通过

在机构关系回复界面，可看到该笔新建的所有信息，并可输入回复意见。点击【通过】，经二次确认后，该指令提交至复核用户。

6.3.3.2 回复不通过

进入回复界面，可输入回复意见，点击【拒绝】，经二次确认后，该指令提交至复核用户。

6.4 机构关系复核

用户可通过该页面实现待复核的机构关系管理业务的复核操作，业务复核通过后会根据对应业务的审批层级配置进入下一处理节点。

6.4.1 业务复核列表界面

点击左侧菜单"机构关系管理—机构关系复核"，进入复核列表界面，下方列表默认显示所有待复核的机构关系管理相关流程。

在该界面输入筛选信息点击【查询】，会在查询列表中展示相应的记录，点击【重置】清空已输入的筛选信息，界面默认展示刚进入页面时的初始数据。

处理状态为"待复核"的机构关系管理数据，操作栏中提供【复核】按钮。

点击处理状态为"待复核"的操作栏中的【复核】，则进入该机构关系管理业务审核界面，且该数据只能由当前复核用户继续处理，其他复核用户无法点击【复核】按钮。

6.4.2 审核通过

点击某笔指令右侧操作栏中的【复核】，进入单条机构关系管理的审核界面，可看到该条数据的所有信息，并可输入复核意见。点击【通过】，经二次确认后，该数据提交至授权用户。

6.4.3 审核不通过

进入审核界面，可输入处理意见，点击【拒绝】，经二次确认后，该数据被拒绝，并被退回至"机构关系管理"界面"机构关系发送、机构关系接收"列表中。

6.4.4 多级复核

已配置多个节点的情况下，点击某笔指令右侧操作栏中的【复核】，进入下一个复核节点，经过多次复核通过，经二次确认后，该数据提交至授权用户。

6.4.5 无复核

未配置多个节点的情况下，点击某数据右侧操作栏中的【复核】，经二次确认后，该数据直接提交至授权用户。

6.5 机构关系授权

用户可通过该页面实现待授权的机构关系管理业务的授权操作，业务授权通过后会根据对应业务的审批层级配置进入下一处理节点。

6.5.1 业务授权列表界面

点击左侧菜单"机构关系管理—机构关系授权"，进入授权列表界面，下方列表默认显示所有待授权的机构关系管理相关流程。

在该界面输入筛选信息点击【查询】，会在查询列表中展示相应的记录，点击【重置】清空已输入的筛选信息，界面默认展示刚进入页面时的初始数据。

处理状态为"待授权"的机构关系管理数据，操作栏中提供【授权】按钮。

点击处理状态为"待授权"的操作栏中的【授权】，则进入该机构关系管理业务审核界面，且该数据只能由当前授权用户继续处理，其他授权用户无法点击【授权】按钮。

6.5.2 审核通过

点击某笔指令右侧操作栏中的【授权】，进入单条机构关系管理的审核界面，可看到该条数据的所有信息，并可输入授权意见。点击【通过】，经二次确认后，该数据提交至授权用户。

6.5.3 审核不通过

进入审核界面，可输入处理意见，点击【拒绝】，经二次确认后，该数据被拒绝，并被退回至"机构关系管理"界面"机构关系发送、机构关系接收"列表中。

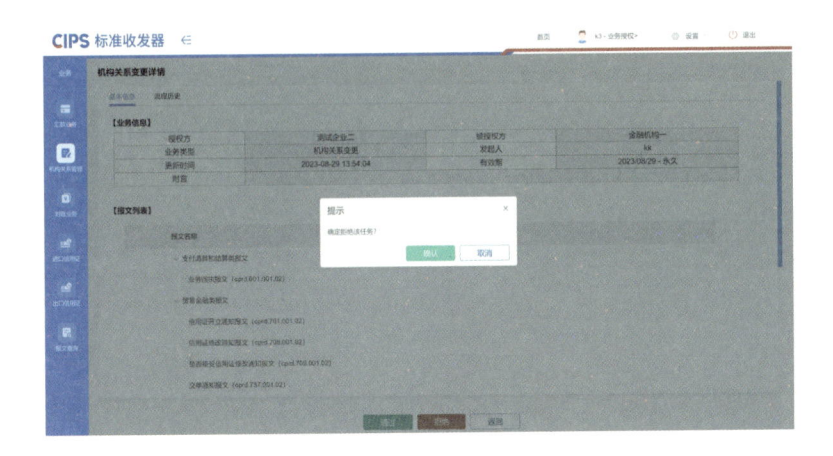

N